말말말 말 속에
숨은 차별

말 말 말 말 속에 숨은 차별

하루 글 | 박미나 그림

들어가는 말

'말'에서부터 인권이 시작돼요

말이 얼마나 중요한지는 말하지 않아도 알 거예요. 내가 한 말에 누군가는 상처를 받기도 하고, 누군가 한 말에 내가 상처를 받기도 하니까요. 그런데 나에게 상처 주는 말을 한 사람이 이렇게 말한다면 어떨까요?

> "나는 그 말이 왜 상처가 되는지 모르겠는데?"

사람은 자기가 겪지 않은 일은 이해하지 못할 때가 있어요.

남자가 여자의 일을, 여자가 남자의 일을 이해하지 못하거나, 나라가 달라서 서로 이해하지 못할 때도 있죠. 같은 성별이나 같은 국가라고 해서 다 이해할 수 있는 것도 아니에요.

그래서 우리는 무엇이 상처를 주는 말인지 배워야 하고, 고민해 봐야 해요. 때로는 상대방의 마음이 어떨지 생각해 보는 노력도 필요하지요.

이 책에는 우리가 아무렇지 않게 사용하지만 누군가에게 상처가 되는 속담, 말, 기사 등을 실었어요.

"아, 이 말은 누군가를 아프게 하는 말이었구나. 또 어떤 말을 조심해야 할까?"

책을 읽으며 친구들이 이런 생각을 하게 되면 좋겠어요. 잘못된 말을 알고, 또 찾아보는 거예요. 아는 만큼 누군가를 이해하게 될 거예요. 인권의 시작은 이것부터 아닐까요?

글쓴이 하루

차례

1장 말말말 말 속에 숨은 **남녀 차별** … 008

암탉이 울면 집안이 망한다? • 010 | 여자 셋이 모이면 접시가 깨진다? • 012 |
여자 팔자는 뒤웅박 팔자다? • 013 | 개 핥은 죽사발 같다? • 015 | 미망인? • 017 |
김 여사? • 020 | 여교사, 남간호사? • 022 | 친할머니와 외할머니? • 024 |
혐오와 질투에는 왜 여성이 들어갈까? • 026 | 캣 맘 사망 사건? • 028 |
동화 속에도 차별이 있다고? • 030 | 안사람 바깥사람? • 033 |
픽토그램에도 성차별이 있다? • 035 | 픽토그램을 바꾼 7살 소녀 • 037
나는 제대로 알고 있을까? • 038 | 말말말! 내가 생각하는 성차별 말은 뭐가 있을까? • 040

2장 말말말 말 속에 숨은 **장애인 차별** … 042

눈뜬장님, 장님 코끼리 만지기? • 044 | 노래 가사에 쓰인 차별? • 046 |
법에 나오는 불구? • 047 | 기사에 나오는 차별? • 050 | 벙어리장갑? • 052 |
장애인의 반대말은 정상인? • 055 | 장애를 극복한 위대한 과학자? • 056 |
선한 의도로 한 말? • 058
나는 제대로 알고 있을까? • 060 | 내가 누군가를 차별하는 말을 한 적은 없을까? • 062

3장 말말말 말 속에 숨은 **나이 차별** … 064

귀한 자식 매 한 대 더 때린다 • 066 |
애들이 뭘 알아? 청소년은 공부나 해야지? • 068 | 착한 아이? • 070 |
무서운 10대들, 중2병? • 072 | 급식충, 등골브레이커? • 074 |
고령자? 노인은 젊은이보다 머리가 나쁠까? • 076 | 시들어 버린 꽃? • 078
나는 제대로 알고 있을까? • 080 | 내가 들었던 나이 차별 표현은 뭐가 있을까? • 082 |
내가 했던 나이 차별 표현은 뭐가 있을까? • 084

4장 말말말 말 속에 숨은 **인종 차별** … 086

혼혈아? • 088 | 다문화? • 089 | 우리가 말을 바꿀 수 있을까? • 090 |
짱깨, 쪽발이, 조센징? • 092 | 오리엔탈Oriental, 칭크Chink? • 094 |
니그로Negro, 원숭이, 흑형? • 096 | 불법 체류자? 조선족? • 098 |
외국어 영화상이 국제 장편 영화상으로! • 100 | 우한 폐렴? 중동 바이러스? • 102 |
동양인이니까 수학을 잘하겠네? 흑인이니까 운동을 잘할 거야! • 104 |
인종이란 말을 없애면 어떨까? • 107

나는 제대로 알고 있을까? • 108 | 내가 당한 인종 차별? 혹은 내가 했던 인종 차별? • 110

5장 이런 말도 **차별**이 될 수 있다고? … 112

많이 먹어서 뚱뚱해? 예민해서 말랐다고? • 114 |
예쁘다고 하면 좋은 거 아니야? • 115 | 하급 공무원? 말단 공무원? • 118 |
결손가정? • 120

나는 제대로 알고 있을까? • 122 | 내가 가지고 있는 고정관념은? • 124

6장 말에서 시작한 **차별**과 **혐오**, 어떻게 됐을까? … 126

댓글이 아프다 • 128 | 기독교, 이슬람교 포비아에서 증오 범죄로? • 129 |
말 한 마디가 일으킨 학살 • 131 | 주입식 교육으로 탄생한 나치즘 • 132 |
지역감정과 혐오 • 134

나는 제대로 알고 있을까? • 136 | 내가 당연하게 생각했던 차별에는 뭐가 있을까? • 138

1장
말말말 말 속에 숨은 **남녀 차별**

개 핥은
죽사발 같다

안사람?
바깥사람?

유모차
수유실

암탉이 울면 집안이 망한다?

　속담에는 우리가 알면 유익한 교훈들이 많아. 그래서 어릴 때부터 속담을 외우지. 외워 둔 속담을 적절히 글 속에 쓰거나 말할 때 인용하면 설득력이 생기기도 해. 그런데 속담에는 옳은 말만 쓰여 있을까?
　'암탉이 울면 집안이 망한다'는 속담은 어때?
　이 속담에서 암탉은 여자를 나타내. 여성이 목소리를 키우고, 자기 주장을 하면 집이 망한다는 뜻이야.

요즘엔 사회나 환경, 가정 문제에서도 여성의 목소리가 높아지고 있어. 여성 정치인이나 사회운동가도 많지. 그런데 여전히 이런 말을 쓰는 사람도 있어. 누군가 주장한 일이 잘 되지 않았을 때 그게 남자, 여자의 문제일까? 꼭 그렇게 구분해서 생각해야 할까?

얼마 전에는 미국의 소셜네트워크서비스SNS에서 '맨스플레인Mansplain'이라는 말이 유행했어. 맨스플레인은 남자란 뜻의 '맨man'과 '설명하다'는 '익스플레인explain'을 합성한 신조어야. 즉, '여성을 가르치려는 남성'을 말해. 여성은 잘 모를 것이라 생각하고 무턱대고 설명하거나, 여성이 충분히 생각하고 얘기할 수 있음에도 대신 설명하는 남성을 가리키는 말이지. 매스컴에도 맨스플레인이 자주 나와. 여성 운전자에게 "오빠가 알려 줄게"라는 말을 하는 자동차 보험 광고나, 가정을 대표해서 남성이 이야기하는 장면이 드라마에도 등장하지. 둘 다 '여성은 남성보다 운전을 못한다.' '가정의 대표는 남자여야 한다.'라는 잘못된 고정관념을 키워 줄 수 있어.

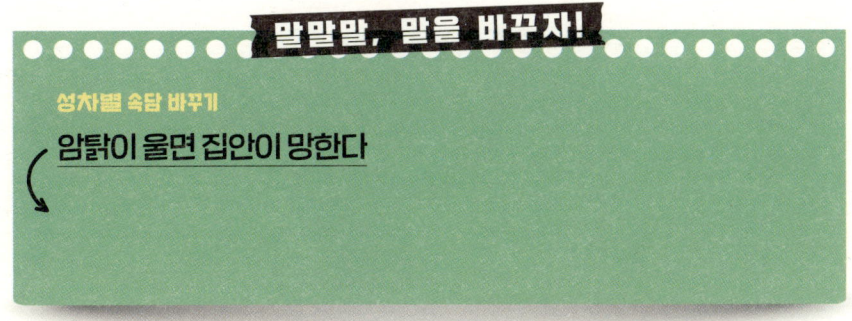

여자 셋이 모이면 접시가 깨진다?

'여자 셋이 모이면 접시가 깨진다.'는 속담도 비슷해. 여자들이 모여서 수다를 떨면 요란스럽다는 뜻이기도 하고, 여자들이 모이면 사고를 친다는 뜻이기도 해.

최근에는 '암탉이 울면 집안이 망한다.'라는 말을 쓰는 사람은 많이 줄었

어. 누가 봐도 여성 차별적인 속담이잖아. 그런데 '여자 셋이 모이면 접시가 깨진다.'라는 속담은 아무렇지 않게 쓰는 사람들이 많아. 그런데 여자 셋이 모이면 남자 셋이 모이는 것보다 큰 소리가 날까? 여자, 남자의 문제가 아니라 목소리 큰 사람이 있는 곳에서 큰 소리가 나겠지!

말말말, 말을 바꾸자!

성차별 속담 바꾸기
여자 셋이 모이면 접시가 깨진다

여자 팔자는 뒤웅박 팔자다?

속담 중에는 여성의 역할을 한정하는 말도 있어. '여자 팔자는 뒤웅박 팔자다.'라는 말을 들어본 적 있어? 뒤웅박은 쪼개지 않고 꼭지 근처만 도려내어 속을 파낸 바가지를 말하는데, 예전에는 꼭지에 끈을 달아 마루나 벽에 걸어 두고 그 속에 씨앗이나 소품을 담는 그릇으로 사용했어. 부잣집에서는 주로 쌀과 같은 곡식을 담고, 가난한 집에서는 여물이나 잡곡 따위를 담아 벽에 걸어 두었지. 이렇게 뒤웅박에 무엇을 담느냐에 따라 뒤웅박의 가치가 결정됐어.

　'여자 팔자는 뒤웅박 팔자다.'라는 말은 여자의 삶은 뒤웅박처럼 어떤 곳에 시집을 가느냐에 따라 달라진다는 뜻이야. 이 속담과 같은 의미로 "여자는 남편을 잘 만나야 해."라는 말을 하는 사람들도 있어. 너희도 남성에 의해 여성의 삶이 달라진다고 생각해? 여성과 남성 모두 주체적으로 일하고, 스스로 가치를 찾을 수 있는 존재야.

이런 속담들, 불편하게 생각해 보지 않을래?

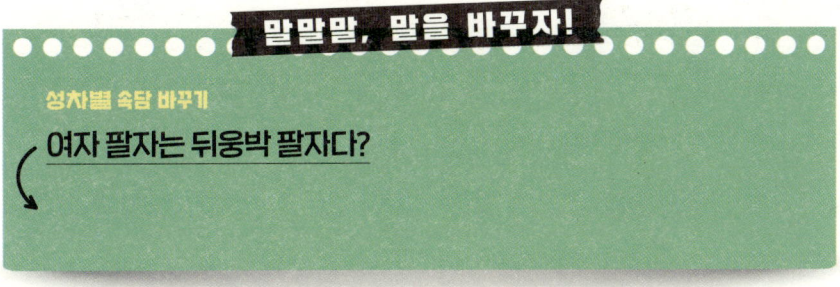

개 핥은 죽사발 같다?

속담 중에 남자가 잘생긴 걸 욕하는 속담이 많다는 거 알고 있어? 옛날부터 남자가 잘생기면 '기생오라비' 같다고 말하며 은근히 깔보는 말이 많았어. 남자는 외모보다 '능력'이 중요하다고 생각했기 때문이지. 물론 타고난 외모를 중요시하는 것보다 노력해서 얻을 수도 있는 능력을 중요하게 생각하는 편이 나을지도 몰라. 하지만 각 사람의 내면을 보지 않고, 외모로 비난하는 건 옳지 못해.

어떤 사람들은 일반인이 나온 인터넷 기사 아래에 외모에 관련된 댓글을 달기도 해. 외모와 전혀 상관없는 기사인데 말이야.

최근에는 외모를 칭찬하는 걸 거부하는 운동도 있어. 다른 사람이 나의 외모를 판단하지 말아 달라는 거지. 우리도 타고난 외모를 칭찬하거나 비난하기보다 있는 그대로의 모습을 존중해 주면 어떨까?

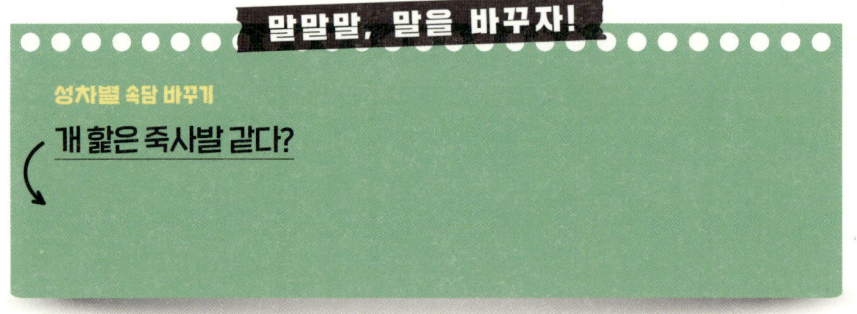

말말말, 말을 바꾸자!

성차별 속담 바꾸기
개 핥은 죽사발 같다?

미망인?

> 1일 밤 ○○ 주최로 열린 특별공연에서 ○○○ 선생의 미망인 ○○○ 여사가 교민들과 대화를 나누었다.

위의 기사에서 불편한 점 찾았어? '미망인'은 기사에 많이 쓰이는 단어야. 사회적으로 이름이 있는 사람이 죽었을 때, 그의 부인을 '미망인'이라고 부르지. 돌아가신 전 대통령의 영부인에게도 미망인이라는 표현을 자주 써. 그래서 미망인을 높임 표현이라고 알고 있는 사람들도 있어.

'미망인'은 표준국어대사전에 올라 있는 표준어야. 그 뜻을 찾아보면 이렇게 나와.

> ⊙ **미망인未亡人**
> 남편과 함께 죽어야 할 것을, **아직 죽지 못하고 있는 사람**이란 뜻으로, 과부가 스스로를 겸손하며 일컫는 말.

한자 뜻풀이도 '아직 죽지 못한 사람'이지. 옛날 중국에는 남편이 죽으면 아내도 따라서 목숨 끊는 걸 당연하게 생각했던 때가 있었대. 그때 나온 말을 여전히 쓰고 있는 거야. 남편을 따라서 죽지 못한 사람이라니… 너무 끔찍하지 않아?

아내가 먼저 세상을 떠났을 때 그 남편을 '고 ○○○ 씨 남편'이라고 부르는 것처럼 남편이 먼저 떠난 아내는 '고 ○○○ 씨 아내'라고 하면 되지 않을

까? 이 표현 말고도 유가족, 유족의 쓰임을 확대해서 '유부인'이라고 쓰자는 의견도 있고, 홀로 남은 남자를 '홀아비'라고 부르니까 여자는 '홀어미'라고 부르자는 의견도 있어. 그냥 모두 '유족'이라고 부르자는 사람도 있지. 네 생각은 어때?

말말말, 말을 바꾸자!

성차별 말 바꾸기
남편이 먼저 세상을 떠난 뒤, 남겨진 아내를 이르는 말 :

김 여사?

> 영상 속 '김 여사'는 왕복 2차선의 도로 한 가운데에 비상등을 켜 놓은 채 차를 세워 놓고, 치킨집에 들어갔다. ○○일보

'김 여사'라는 말을 들어본 적 있어? '김 여사'는 사고를 낸 운전자가 여성일 때, 여성을 비하하며 쓰는 말이야. 이렇게 여성을 비하하는 말을 뉴스나 신문에서도 쓰고 있어. 심지어 기사 제목으로 뽑기도 하지. 그런 기사 밑에는 여지없이 '김 여사 어이없네.' '역시 여자들은 운전하면 안 돼.' '집에 있지 왜 차를 가지고 나와서.' 등의 여성 혐오 댓글이 달려. 그런데 반대로 남성이 사고를 냈을 때, 기사에는 '운전자 A 씨'라고 성별을 표기하지 않는 경우가 많아. 사고를 낸 건 잘못이지만, 사고를 낸 운전자가 여성이라고 해서 모든 여성이 운전을 잘 못한다거나 조작 능력이 떨어지는 건 아니야. 이건 남성과

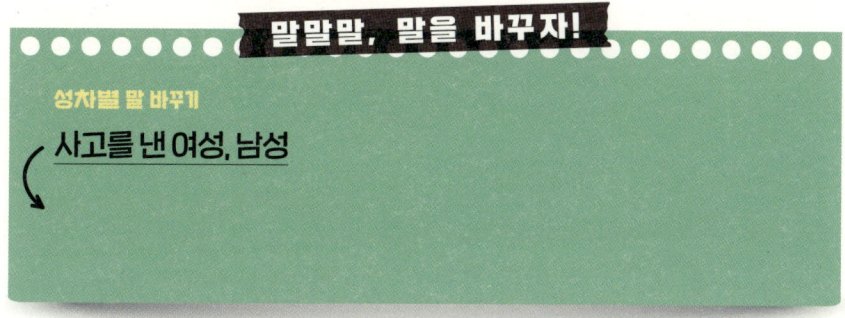

여성의 차이가 아니고, 운전을 잘하는 사람과 그렇지 않은 사람이 있는 것의 문제이지. 앞으로 이런 기사를 보면 같이 눈살을 찌푸려 주면 어때?

말말말, 말을 바꾸자!

성차별 말 바꾸기
사고를 낸 여성, 남성

말말말 말 속에 숨은 남녀 차별

여교사, 남간호사?

지금 간호사의 모습을 머릿속에 그려 봐. 간호사복을 입고 환자를 정성스레 돌보는 간호사의 모습을 말이야. 다음에는 축구선수의 모습을 상상해 봐. 필드를 바람처럼 가르고, 달려가서 골을 넣는 거야!

자, 너희가 상상한 간호사와 축구선수는 여자였어, 남자였어? 혹시 간호사는 여자로, 축구선수는 남자로 상상하지는 않았어?

우리는 간호사와 축구선수 둘 다 성별에 상관없이 할 수 있는 직업이라고 알고 있어. 그런데 왜 자꾸 직업을 상상할 때 여성의 직업과 남성의 직업을 나누게 되는 걸까? 이런 문제는 언어에서 시작되었을지도 몰라.

'교사, 군인, 경찰, 배우' 이런 직업을 가진 여성들에게는 '여교사, 여군, 여경, 여배우'라는 말이 자연스럽게 붙어. 반대로 '남교사, 남군, 남경, 남배우'라는 말은 쓰지 않지. 과거에 여성은 가정을 돌보고, 남성은 사회에서 일해야 한다고 생각했어. 그러다 보니까 모든 직업을 이르는 말의 기본형은 남성이라는 사고를 갖게 되었어. 여성이 군인이나 경찰이 되면 특이하다고 생각해서 앞에 '여'자를 붙인 거야.

직업뿐 아니라 학교도 과거에는 남성이 다녀야 하는 것으로 생각했기 때문에 여자가 다니는 학교에는 '여자 중학교' '여자 고등학교'라는 말이 붙었지. 남자가 다니는 학교는 그냥 '중학교' '고등학교'라고 부르고 말이야.

실제로 간호사를 직업으로 가진 남성은 '남자가 왜 그런 여성스러운 일을 하냐?'라는 말도 안 되는 얘기를 듣기도 하고, 군인이 직업인 여성은 '여자가 왜 위험한 일을 해.'라는 말을 듣기도 하지. 앞으로는 성별을 나누지 말고,

직업을 가진 하나의 사람으로 보면 어떨까? 직업 앞에 성별을 붙이는 습관도 없애고 말이야.

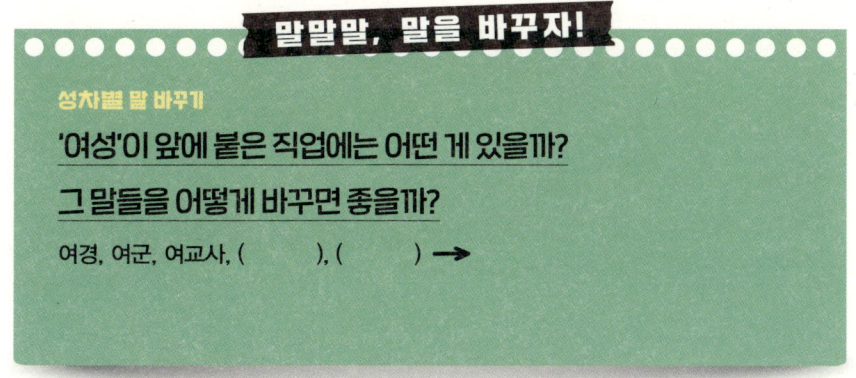

말말말, 말을 바꾸자!

성차별 말 바꾸기
'여성'이 앞에 붙은 직업에는 어떤 게 있을까?
그 말들을 어떻게 바꾸면 좋을까?
여경, 여군, 여교사, (　　　), (　　　) →

친할머니와 외할머니?

한자로 된 단어 중에도 성차별이 드러나는 것들이 있어. 대표적으로 '친할머니와 외할머니', '친가 외가'라는 말이야. 친할머니는 아빠의 엄마를 부르는 말이고, 외할머니는 엄마의 엄마를 부르는 말이야. 왜 친할머니의 '친親'은 친할 친자로, 외할머니의 '외外'는 바깥 외자를 써서 구분하는 걸까? 우리말로 풀어서 쓰면 좀 더 잘못된 말이란 걸 알 수 있어. 친할머니는 가까운 할머니, 외할머니는 바깥 할머니가 되거든. '친가' '외가'의 뜻도 우리 말로 풀어쓰면 '가까운 집' '먼바깥 집'이라고 할 수 있지.

"조부모상 휴가는 3일이고, 외조부모상 휴가는 하루입니다."

이건 실제 한 회사의 복지 정책이야. 왜 회사원의 할머니나 할아버지가 돌아가셨을 때는 휴가 3일, 회사원의 외할머니나 외할아버지가 돌아가셨을 때는 휴가를 하루밖에 주지 않는 걸까? 회사원이 외할머니, 외할아버지와 더 가까웠을 수도 있는데 말이야. 단어로도, 의미로도 둘을 구분하지 않고, 둘 다 할머니라고 부르면 어때? '외할머니'라고 부르는 것보다 할머니의 성함을 넣어서 '○○○ 할머니'로 불러도 좋겠다.

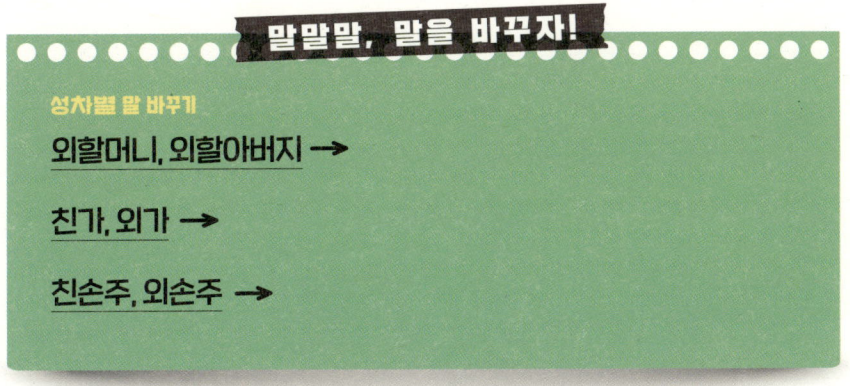

혐오와 질투에는 왜 여성이 들어갈까?

혐오嫌惡, 질투嫉妬라는 한자어 속에 여자를 뜻하는 한자 女여자 여가 들어간 거 찾았어? 부정적인 단어 속에 여성을 뜻하는 한자가 들어간 경우가 많아. 반대로 효도孝道, 교육敎育처럼 긍정적인 단어 속에는 남성을 뜻하는 한자 子아들 자가 들어간 경우가 많지.

단어는 시대를 담고 있어. 혐오와 질투라는 단어가 만들어졌을 때는 혐오하고, 질투하는 대상은 주로 여성이라 생각했는지도 몰라. 효도를 하고, 교육을 받아야 하는 대상은 남성이라고 생각했지.

당연히 지금은 혐오와 질투, 효도와 교육이라는 단어에 '성'이 들어가지 않아도 된다는 거 알고 있지? 사회는 계속 변하고 단어는 계속 만들어져. 만들어지는 단어 속에 성차별적인 단어는 없는지 잘 살펴보는 것도 우리의 역할이야.

말말말, 말을 바꾸자!

성차별 말 바꾸기

단어 속에 여자女와 남자子를 뜻하는 부분을 표시해 봐.
그리고 단어가 긍정적인지 부정적인지 생각해 보자.

*질투(嫉妬), 혐오(嫌惡), 방해(妨害), 간신(奸臣), 요염(妖艶), 노예(奴隷), 학교(學校), 효도(孝道), 남자(男子), 교과서(教科書), 호감(好感)

캣 맘 사망 사건?

우리나라에는 다양한 신문사가 있어. 하나의 사건이 발생하면 그 사건에 관한 수많은 기사가 나오지. 기사를 많은 사람이 보게 하려고 신문사에서는 자극적인 제목을 짓기도 해.

> ○년 ○월 ○일 한 아파트에서 50대 여성이 벽돌에 맞아 사망했다. 이 여성은 길고양이를 위한 집을 짓고 있었는데, 옥상에서 초등학생이 장난삼아 던진 벽돌을 맞고 사망했다.

위의 기사 제목은 뭐라고 지으면 좋을까? 기자들은 '캣 맘 사망 사건'이라는 제목을 지었고, 수많은 사람이 '캣 맘 사망 사건'이라고 불렀어. 그런데 이 사건에서 '옥상에서 누군가 던진 벽돌에 맞은 것'이 중요하지 '캣 맘'이 중요한 게 아니야. 사람들은 이 기사를 읽고, '길고양이를 챙기다가 죽을 수도 있구나.' 혹은 '역시 캣 맘은 사람들이 싫어해.'라는 생각을 할 수 있어.

또 다른 사건을 보자. 한 의사가 대장내시경 검진 도중에 마취 상태의 여성을 성추행한 일이 있었어. 이 사건의 제목에는 '대장내시경녀'라는 단어를 붙였어. 기사를 읽고, 성추행한 의사가 부끄러워야 하는데 왜 피해자가 수치심을 느껴야 할까?

이외에도 여성이 피해자임에도 불구하고, 사건을 자극적이게 쓰기 위해 '트렁크녀(트렁크에 갇혀 사망한 여성)' '노래방 살인녀(노래방에서 살해당한 여성)'이라는 제목이 붙은 기사가 나오기도 했어. 인기를 끌기 위해 피해자

와 가족들을 더 고통스럽게 만든 거야.

국회에서 긴 시간 연설을 한 두 정치인에 대한 기사 제목도 엇갈려.

'5시간 연설한 ○○○의원'
'가녀린 50대 여성의 몸으로 10시간 연설을 마친 ○○○의원'

앞의 기사 제목은 남성 국회의원에 대한 것이고, 뒤에 제목은 여성 국회의원에 대한 기사 제목이야. 남성 의원의 연설에는 시간에 대한 언급만 있어. 하지만 여성 국회의원의 기사에는 성별과 나이를 언급해서 논점을 흐리고 있지.

여성과 남성을 구분해서 생각하고, 글을 쓰는 건 생각해 볼 문제야. 우리도 어떤 사건을 알고, 그것을 전달할 때 성별이 아닌 사건의 중심을 전하려고 노력해 보면 어떨까?

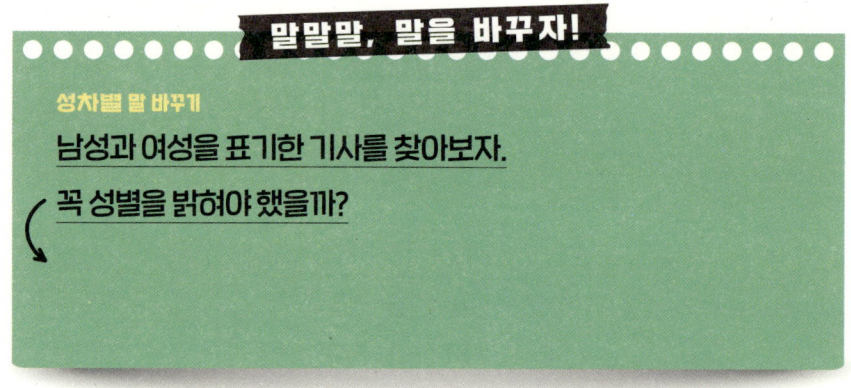

동화 속에도 차별이 있다고?

우리가 읽고 자란 동화 속에는 성차별이 없을까? 전래동화 한 편을 살펴보자. 전래동화인 《선녀와 나무꾼》에서 나무꾼은 선녀와 결혼하기 위해 선녀의 옷을 훔쳐. 옷이 없어 하늘로 갈 수 없게 된 선녀는 나무꾼과 결혼할 수밖에 없었어.

이 동화를 선녀의 입장에서 생각해 보자. 선녀는 납치를 당한 거야. 이렇게 붙잡아 온 여자를 아내로 삼는 것을 약탈혼이라고 불러. 약탈혼은 지금도 전쟁 지역에서 많이 일어나고 있어.

서양 동화인 《잠자는 숲속의 공주》는 어떨까? 예쁜 공주는 마녀의 계략으로 죽음 같은 잠에 빠지고, 멋진 왕자님이 뽀뽀를 해 줘야 깨어나게 된다는 내용이야. 실제로 옛날 동화들을 보면 여자는 아름다워야 하고, 모성애와 보살핌을 가져야 하는 존재로 그려지는 경우가 많아. 반대로 남자는 멋있고, 용감해서 여자를 구해야 하는 역할이 많지.

이런 문제를 가볍게 보지 않는 나라들도 속속 등장하고 있어. 스페인 바르셀로나에서는 학교 도서관에 있던 성차별적인 동화책을 없애고 있대. 일부 학교에서는 《빨간 모자》《잠자는 숲속의 공주》《신데렐라》 등의 동화를 유아 도서관에서 없앴다고 해.

물론 고전 작품들을 모두 없애자는 건 아니야. 모두 우리의 역사니까. 하지만 성이 평등하다는 걸 알기 전인 유아들에게 성 고정관념을 심어 줄 수 있는 동화는 읽어 주지 않는 편이 좋을지도 몰라.

말말말, 말을 바꾸자!

성차별 동화 바꾸기

내가 아는 동화에서 성차별 요소를 찾아보자!

《콩쥐 팥쥐》, 《백설 공주》, 《신데렐라》, 《잠자는 숲속의 공주》 등

안사람 바깥사람?

엄마와 아빠 중 누가 안사람이고 누가 바깥사람일까? 사전을 찾아보면 이렇게 나와.

> ⦿ 안사람
> '아내'를 예사롭게 또는 낮추어 이르는 말.
>
> ⦿ 바깥사람
> 남편을 예사롭게 또는 낮추어 이르는 말.

과거에 아내는 집 안에서 집을 돌보는 사람, 남편은 밖으로 나가서 돈을 벌어 오는 사람으로 여겼기 때문에 안사람, 바깥사람이라고 불렀어. 그런데 이제는 아내와 남편 모두 경제활동을 함께 하는 경우도 많고, 아내가 경제활동을 하고, 남편이 가정을 돌보는 경우도 많아. 그런데도 여전히 아내를 안사람, 남편을 바깥사람이라고 부르지.

그냥 말만 이렇게 하는데 왜 차별이 되냐고? 아내를 '안사람'이라고 부르면 집안에서 아내가 많은 역할을 해야 하는 부담이 생길 수 있어. 일하는 엄마들이 가정에서도 가사를 맡아야 하는 경우가 생기지. 반대로 가정이나 육아를 맡아서 하는 남편을 '바깥사람'이라 부르면 밖에서 경제활동을 해야 한다는 부담이 생길 수 있어. 충분히 자기 역할을 하고 있는 건데 말이야.

가정은 특히 성차별 단어들이 많은 곳이야. 여성과 남성의 역할을 고정해 놓았기 때문이기도 하고, 남성 중심의 고정관념이 언어 속에 많이 들어가

있거든. 또 어떤 단어들이 있을까? 이 단어들은 왜 성차별적인 요소가 있을까? 생각해 볼래?

픽토그램에도 성차별이 있다?

그림을 보고, 의미를 쉽게 이해할 수 있도록 만든 그림 기호를 '픽토그램 Pictogram'이라고 해. 여자나 남자 화장실을 표시하는 그림도 픽토그램이라고 할 수 있지. 그런데 픽토그램 속에도 성차별이 존재해.

이 픽토그램은 어린이 보호 구역을 알려 주고 있어. 자세히 보면 이 픽토그램의 보호자는 여성이야. 아이를 돌보는 사람이 여성일 거라고 생각해 만든 표시인 거지. 지하철 영유아 동반석에도 아이와 여성이 함께 앉아 있는 픽토그램이 있어. 이런 픽토그램 때문에 실제로 아이를 데리고 지하철에 탄 남성들은 이 자리에 쉽게 앉지 못할 수도 있어.

도로, 지하철, 교통표지판, 화장실, 공항에서 흔히 만날 수 있는 픽토그램들 속 '영유아 동반자'는 대부분 치마를 입고 있는 여성이야. 사실 픽토그램에는 '여성'을 따로 나타낼 필요가 없어. 치마를 입힐 필요가 없다는 거지. 그런데도 굳이 아이를 데리고 있는 사람을 치마 입은 모습으로 표현했다는 건 '육아는 여성의 몫'이라는 고정관념을 심어 줄 수 있어.

이렇게 여성을 양육자로만 생각하게 되면 여러 문제들이 생겨. 육아를 전담하지 않고, 일하는 엄마들이 비난의 눈초리를 받는가 하면, 아기 변기나 기저귀를 갈 수 있는 공간을 여성 화장실에만 비치해서 아빠들이 불편을 겪기도 하지.

아기에게 우유를 먹이거나 쉴 수 있는 공간에 '수유실'이라는 이름이 붙어서 아빠들은 들어갈 수 없게 한 것도 문제야. 아빠들이 아기에게 우유를 먹이거나 아이와 함께 쉴 공간이 없는 거지.

아빠와 엄마, 그리고 아기를 위해서 성차별이 들어간 픽토그램과 단어들은 바꾸면 어떨까?

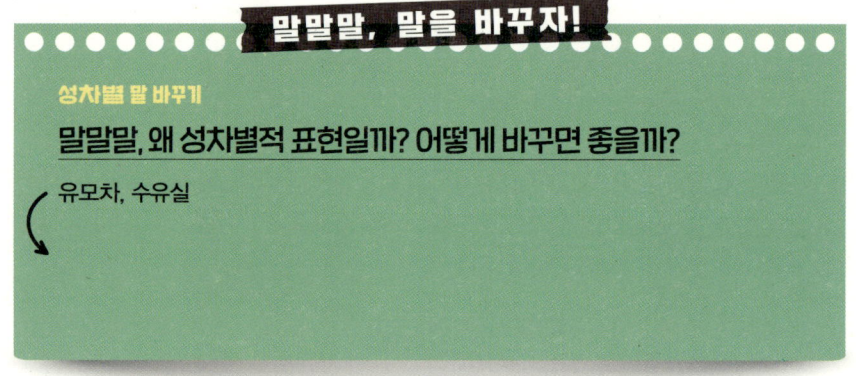

픽토그램을 바꾼 7살 소녀

뉴질랜드에 사는 7살 조이 커루는 '라인맨Linemen'이라는 도로표지를 바꿔 달라고 뉴질랜드 교통당국에 편지를 보냈어. '라인맨Linemen'이라는 표지는 전력 케이블 정비 등의 작업을 하는 사람들이 세워 놓는 표지판이야. 커루는 '여성도 이 일을 할 수 있는데 men남성이라는 표현을 써서, 이 일이 남성만 하는 것처럼 느껴진다'는 것에 불만이 생겼어. 그리고 그런 내용을 담아 편지를 썼지. 뉴질랜드 교통당국은 커루의 의견에 "불공정한 일을 고치기 위해 옳은 행동을 했다"며 칭찬했어. 그러고는 '라인맨Linemen'을 '라인 크루Line Crew'로 바꾸겠다고 했어. men남성을 Crew일하는 사람로 바꾼 거지.

우리도 조이 커루처럼 불평등한 것을 발견했을 때, 그것을 바꿀 용기를 내 보면 어떨까?

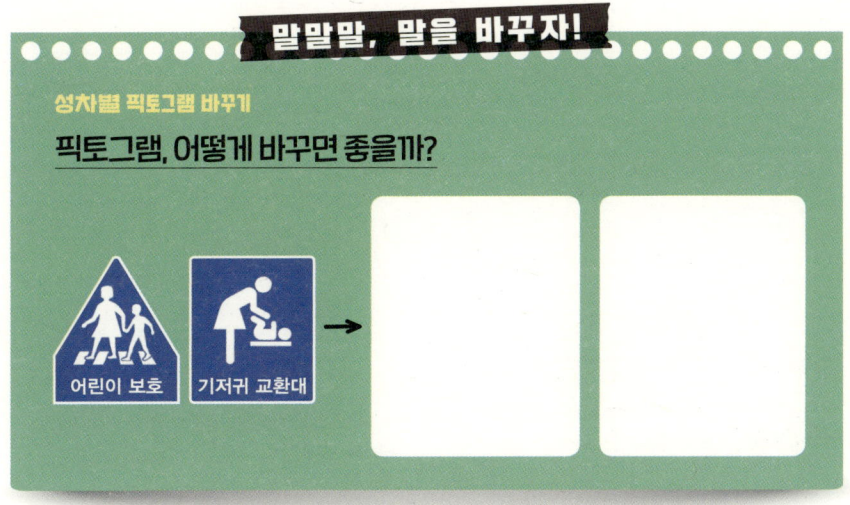

나는 제대로 알고 있을까?
차이와 차별

왼쪽에 있는 사람은 릭이야. 미국인이지. 오른쪽에 있는 여성은 클라라야. 에티오피아 사람이야. 두 사람은 인종, 성별, 국적이 달라. 클라라가 장애를 가지고 있다는 것도 릭과 다른 점이지. 이렇게 그림만 봐도 두 사람의 다른 점이 보여. 이런 걸 '차이'라고 해.

두 사람과 얘기해 보면 둘은 말투나 행동이 다르다는 걸 알 수 있을 거야. 릭은 영어와 한국어를 할 수 있고, 클라라는 암하라어와 일본어를 할 수 있어. 릭은 책 읽는 걸 좋아하고, 클라라는 수영을 좋아한대. 둘은 생김부터 취향까지 모두 달라. 사실 세상에 똑같은 사람은 하나도 없지. 우리 사이에는 모두 '차이'가 있는 거야.

나는 제대로 알고 있을까?

차이와 차별

그럼 차별은 뭘까? 릭과 클라라가 같은 회사에 지원을 했어. 그런데 클라라가 흑인이라는 이유로, 혹은 여성이나 장애를 가지고 있다는 이유로 취업이 되지 않는다면 그건 '차별'이야. 클라라의 능력을 알아보지 않고, '차이'만 가지고 클라라를 평가한 거지. 클라라가 릭보다 더 뛰어난 능력을 가지고 있는데도 클라라가 여성이라는 이유로 임금이 낮다면 그것도 물론 '차별'이야.

차별은 회사뿐 아니라 우리 주변에서도 흔히 일어나. 나와 다르다는 이유로 무시하거나 깔보는 것에서 차별이 시작되거든. 그런데 릭과 클라라는 남자나 여자로, 혹은 흑인이나 백인으로 태어나고 싶어서 태어난 게 아니야. 우리는 어떤 모습으로 태어날지 선택할 수 없잖아. 우리 모두 서로의 모습을 있는 그대로 받아들이고, 나와 똑같이 소중하게 생각한다면 차별은 없어질 거야.

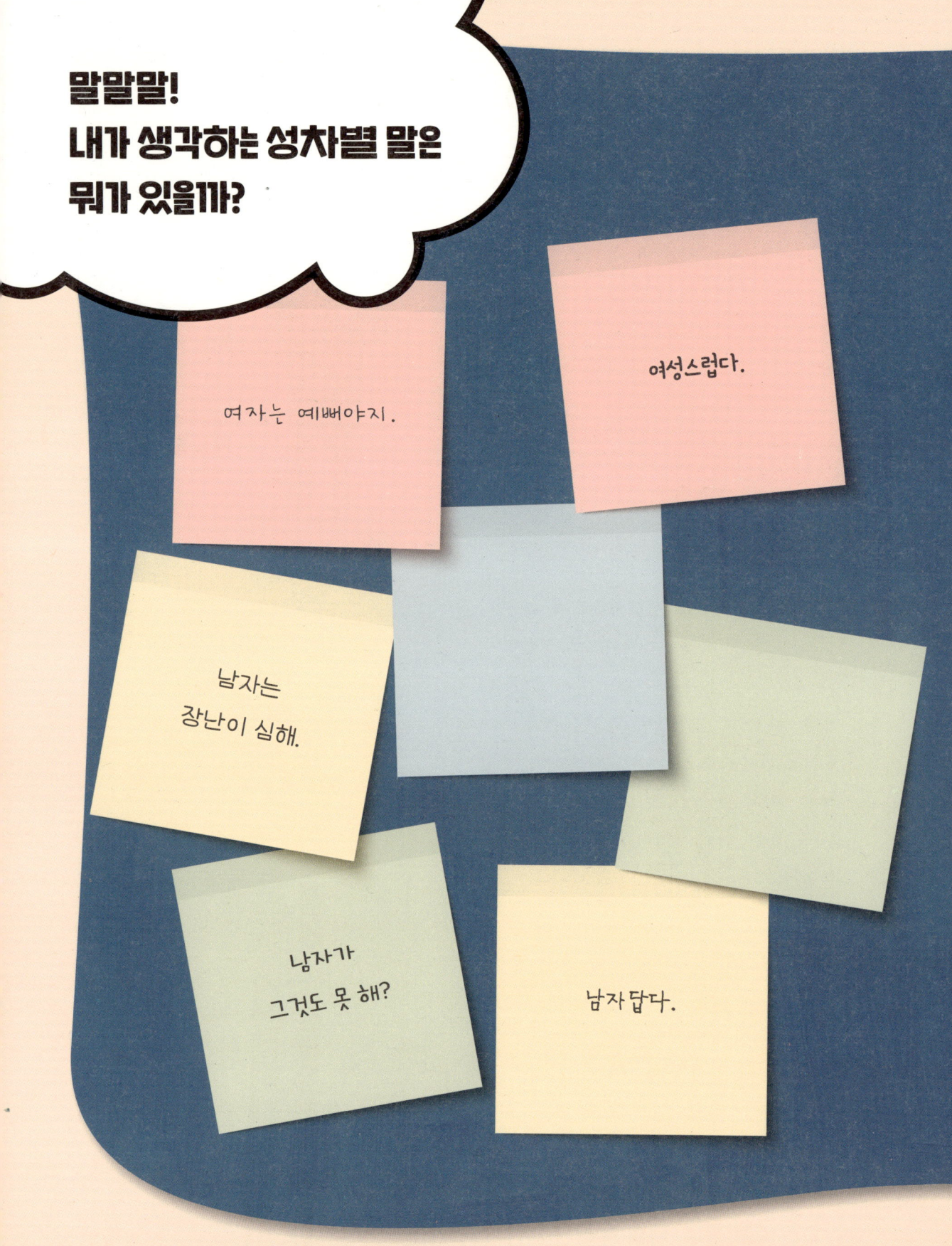

- 여자는 밤늦게 다니면 안 돼.
- 여자는 수학을 잘 못해.
- 남자는 파랑!
- 남자는 울면 안 돼!
- 여자가 옷차림이 그게 뭐야.
- 남자는 키가 커야지.
- 여자는 핑크!

2장
말말말 말 속에 숨은 **장애인 차별**

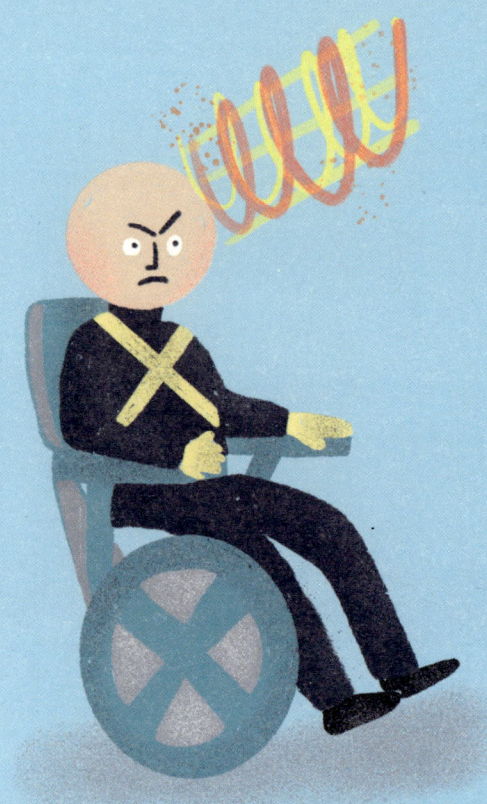

눈뜬장님, 장님 코끼리 만지기?

속담에는 장애인을 차별하는 말도 많아. 대표적인 것 중 하나가 '눈뜬장님'이라는 속담이야. '눈뜬장님'은 '눈을 뜨고는 있으나 실제로는 보지 못하는 사람.'이라는 뜻으로 쓰여. 눈은 뜨고 있는데 보지 못한다는 뜻이니까 무언

가 보고도 제대로 알지 못하는 사람을 뜻하기도 해. 또 '장님 코끼리 만지기'라는 속담도 있어. 이 속담은 일부분만 알면서 전체를 안다고 생각하는 어리석음을 비유적으로 이르는 말이야. 둘 다 누군가의 어리석음, 무지함을 뜻하는 속담인데, 두 속담에 모두 '장님'이라는 표현이 쓰였지?

시각에 이상이 생겨서 앞을 보지 못하는 사람을 '시각 장애인'이라고 하는데, '장님'은 시각 장애인을 낮잡아 부르는 말이야. 단어 자체가 낮잡아 부르는 말인데, 속담 속 '장님'이 나타내는 말도 어리석고 무지하다는 뜻이니까 두 번이나 차별하는 말인 거지.

이것 말고도 속담에는 장애인을 비하하는 말이 많아. '언어 장애인'을 낮잡아 부르는 말인 '벙어리'를 사용해 '꿀 먹은 벙어리'라고 하거나 '청각 장애인'을 낮잡아 부르는 말인 '귀머거리'가 들어간 '귀머거리 삼 년, 벙어리 삼 년'이라는 표현도 있지. 모두 장애인을 비하하는 속담이야. 누군가는 이런 속담을 아무렇지 않게 쓸지 몰라도, 장애인이 읽으면 속상하겠지? 이런 속담들은 사용하지 말고, 누구도 상처받지 않을 표현으로 고쳐서 얘기해야 해.

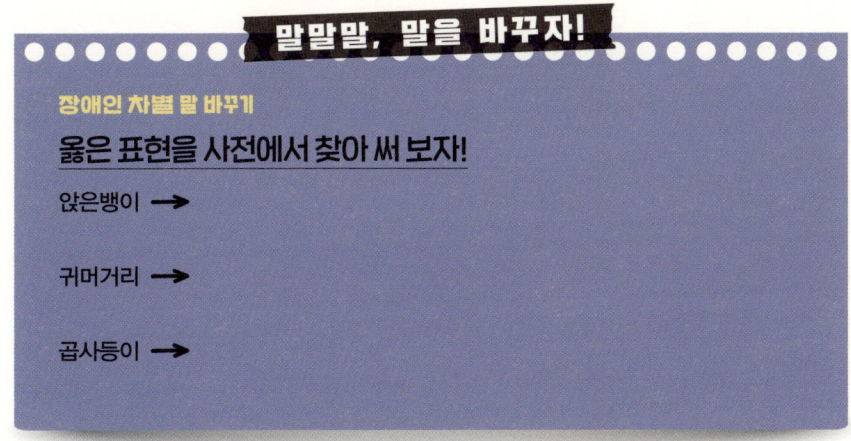

말말말, 말을 바꾸자!

장애인 차별 말 바꾸기
옳은 표현을 사전에서 찾아 써 보자!

앉은뱅이 ➡

귀머거리 ➡

곱사등이 ➡

노래 가사에 쓰인 차별?

네가 좋아하는 가수가 이번에 새로운 곡을 냈다고 생각해 봐. 그 가수의 곡에 '꿀 먹은 벙어리'라는 표현이 들어 있어. 이 노래를 들으면 어떤 생각이 들 것 같아?

실제로 한 가수가 발표한 노래 중 '당신을 만난 순간 꿀 먹은 벙어리가 되었다'라는 표현이 들어 있는 경우가 있었어. 이 노랫말 때문에 한 방송사에서는 방송 부적격 판정을 내렸어. 장애인을 비하하는 표현이 들어 있기 때문에 방송국에서 그 곡을 내보낼 수 없다는 거지.

방송국의 판정에 화가 난 팬들도 있었어. 비유로 쓴 표현을 장애인 비하라고 말할 수 없다는 게 팬들의 주장이었어. 좋아하는 사람을 만나서 아무 말도 하지 못하는 상황을 '꿀 먹은 벙어리'라는 비유로 표현했다는 거야.

이 이야기를 들은 장애인협회에서는 이렇게 반박했어. '벙어리'라는 표현부터 잘못되었고, '벙어리는 소통이 잘 안 된다'는 선입견을 갖게 할 수 있다고 말이야. 실제로 언어 장애인에게는 '수화'라는 의사소통 수단이 있어. 수화를 사용하면 어려움 없이 소통할 수 있지.

우리는 살면서 다양한 글을 쓰게 돼. 누군가는 책을 쓰고, 누군가는 노랫말을 쓰고, 신문에 나올 기사를 쓰기도 하지. 그런데 이렇게 다수가 읽거나 보는 곳에 글을 쓰려면 누군가 상처받지 않을지 한 번 더 고민해 봐야 해.

> **말말말, 말을 바꾸자!**
>
> **장애인 차별 말 바꾸기**
> **속담을 누구도 상처받지 않게 풀어서 써 보자!**
>
> 꿀 먹은 벙어리 ➡ 아무 말도 하지 못하는 상황
>
> 눈 뜬 장님 ➡
>
> 장님 코끼리 만지기 ➡

법에 나오는 불구?

헌법 34조에는 이런 내용이 있어.

> 신체장애자 및 질병·노령 기타의 사유로 생활능력이 없는 국민은 법률이 정하는 바에 의하여 국가의 보호를 받는다.

몸이 불편한 사람들을 국가에서 보호해 줘야 한다는 좋은 취지의 내용이지. 그런데 여기에 쓰인 '신체장애자'라는 표현이 좀 이상하지 않아? '장애자'라는 표현의 '자'는 '놈 자者'를 쓰는데, 이 말을 사전에서 찾아보면 이렇게 나와.

> ⊙ 놈 자者
> '사람을 가리켜 말할 때, 좀 얕잡아 이르는 말로서,
> 사람 또는 놈 이란 뜻을 나타내는 말'

다시 말해 장애를 가진 사람을 낮추어 말하는 표현인 거지. 법 내용은 몸이 불편한 사람을 보호해 준다고 하고는 단어에서부터 차별하고 있다니! 이런 단어는 얼른 바꾸어야 하지 않을까?

실제로 2014년부터 법에 쓰인 차별 용어들을 수정하고 있어. 맹인, 간질, 농아, 불구, 정신병 등의 단어가 시각 장애인, 뇌전증, 청각 장애인, 지체 장애인, 지체 장애인, 정신 장애인 등으로 바뀌었지. 하지만 장애인을 차별하는 용어가 얼마나 많았는지, 아직도 위의 용어들을 다 바꾸지는 못했어.

형법 제258조에도 아직 잘못된 표현이 남아 있어.

> 신체의 상해로 인하여 불구 또는 불치나 난치의 질병에 이르게 한 자도 전항의 형과 같다.

'불구'라는 표현은 한자로 하면 '불구不具'라고 써. '갖추지具 못함不'이라는 뜻이야. 장애인은 갖추지 못한 사람이 아니야. 모두 똑같이 온전한 한 사람이지.

법은 한 나라의 생각을 대표한다고 할 수 있어. 그런 법에 쓰인 차별 용어들은 얼른 바꾸어야 하지 않을까?

말말말, 말을 바꾸자!

장애인 차별 말 바꾸기

법을 바꿔 보자!

신체의 상해로 인하여 **불구** 또는 불치나 난치의 질병에 이르게 한 자도 전항의 형과 같다.

→

> **말말말, 말을 바꾸자!**
>
> 장애인 차별 말 바꾸기
> ## 법을 바꿔 보자!
> 신체장애자 및 질병·노령 기타의 사유로 생활능력이 없는 국민은 법률이 정하는 바에 의하여 국가의 보호를 받는다.
> →

기사 속에 나오는 차별?

○○시가 추진하려는 아이 돌보미 법은 절름발이 정책

실제 신문 기사 제목이야. 버젓이 '절름발이'라는 표현을 넣었지. 절름발이는 '한쪽 다리가 짧거나 다치거나 하여 걷거나 뛸 때에 몸이 한쪽으로 자꾸 기우뚱거리는 사람을 낮잡아 이르는 말'이야. 지체 장애인을 비하하는 말이지.

기사뿐 아니라 정치인들이 법이나 정책을 비판할 때 '절름발이'라는 표현을 많이 써. 온전하지 못한 법이라는 것을 말하기 위해 '절름발이'라는 비하 용어를 선택한 거야.

실제로 한 국회의원은 정부 정책을 비판하려고 '절름발이'라는 용어를 썼다가 함께 있던 국회의원에게 질책을 당하기도 했어. 질책을 한 국회의원은 장애를 가지고 있는 사람이었는데, 이 의원은 "옳지 않은 정책을 절름발이 정책이라고 했는데, 절름발이라는 표현은 저 같은 지체 장애인을 비하하는 용어입니다. 그렇다면 지체 장애인은 옳지 않다는 얘기입니까?"라고 시원하게 얘기했지.

그밖에도 기사에는 눈먼 돈, 외눈박이 방송 등 장애인을 비하하는 단어들을 제목으로 내보내는 경우가 많아. 전부 무언가를 비판하기 위해 장애인 비하 용어들을 갖다 붙인 거지. 이런 표현들이 신문이나 방송 등에 나오게 되면 장애에 대한 잘못된 고정관념이나 편견을 만들어 낼 수 있어. 언론은 좀 더 꼼꼼하게 장애인 비하 용어들이 쓰이지 않았는지 살펴야 하고, 언론을 접하는 우리들은 그런 기사를 비판할 수 있어야 해.

말말말, 말을 바꾸자!

장애인 차별 말 바꾸기
기사에 나온 말을 바꿔 보자!

절름발이 정책 ➡

눈먼 돈 ➡

외눈박이 방송 ➡

벙어리장갑?

우리가 흔히 쓰는 표현에도 장애인을 차별하는 용어들이 있어. '벙어리장갑'이라는 말에도 '벙어리'라는 언어 장애인을 비하하는 표현이 들어가지. 옛날 사람들은 언어 장애인이 혀와 성대가 붙어 있다고 생각했대. 그래서 손가락 네 개가 붙어 있는 장갑에 벙어리장갑이라는 이름을 붙인 거야. 문제는 벙어리장갑이라는 말을 대신할 다른 말이 없다는 점이야. 언어 장애인도 벙어리장갑을 사려면 스스로를 비하할 수밖에 없는 거지.

이런 문제를 그냥 넘어가지 않는 사람들이 모여서 벙어리장갑의 이름을 바꾸자고 캠페인을 하기도 했어. 벙어리장갑을 엄지장갑이라는 예쁜 이름으로 바꾸어 부르자는 캠페인이었어. 이걸 홍보하기 위해서 '감사합니다' '사랑합니다'라는 수화를 새긴 장갑을 만들기도 했지.

한국 장애인고용공단에서는 벙어리장갑을 '손모아장갑'으로 표현해 달라고 하기도 했어.

사람들이 사용하는 언어를 바꾸는 건 쉬운 일이 아니야. 우리 모두가 노력해야 하는 일이지. 우리도 누군가 장애인을 비하하는 말을 한다면 그 말의 뜻을 제대로 알려 주도록 하자.

말말말, 말을 바꾸자!

장애인 차별 말 바꾸기

벙어리장갑, 내가 새로 이름을 지어 준다면?

벙어리장갑 →

장애인의 반대말은 정상인?

장애인의 반대말은 뭘까? '정상인'이라고 생각하는 사람도 있을 거야. 그렇다면 정상인의 반대말인 '비정상인'이 장애인이라는 말이 돼. 장애인은 비정상인이 아니니까, 장애를 가지지 않은 사람을 정상인이라고 부르면 안 돼.

그렇다면 장애인의 반대말은 뭘까? 바로 비장애인이야. 장애가 없는 사람이라는 뜻이지. 장애가 없는 사람 입장에서는 '왜 우리는 장애가 없는데 우리를 부르는 말에 장애라는 단어가 들어가야 해?'라고 생각할 수도 있을 거야. 그런데 장애는 누구나 언젠가 겪을 수 있는 일이야.

2019년에 국립재활원에서 발표한 통계에 의하면 태어날 때부터 장애를 가지고 있는 사람과 사고 등의 이유로 후천적 장애를 갖게 된 사람의 비율은 1:9이라고 해. 비장애인으로 태어나서 장애인이 된 비율이 훨씬 높은 거지. 어떤 우연한 사고에 의해서 누구나 장애인이 될 수 있어.

한때 장애인을 친근하게 부르기 위해 '벗 우友'자를 붙여 '장애우'라고 부르자는 운동도 있었어. 하지만 우리 모두가 친구가 아니듯 장애인이 모두의 친구일 필요는 없어. 그러니까 '장애우'라는 표현은 잘못된 거지. 또 장애인 스스로 자기를 부를 때 '장애우'라고 부르기도 어색해. 자기 스스로 자기를 친구라고 표현하는 것이니까 말이야.

이렇게 장애인을 배려하는 용어는 비장애인이 만드는 게 아니라 함께 만들어야 해.

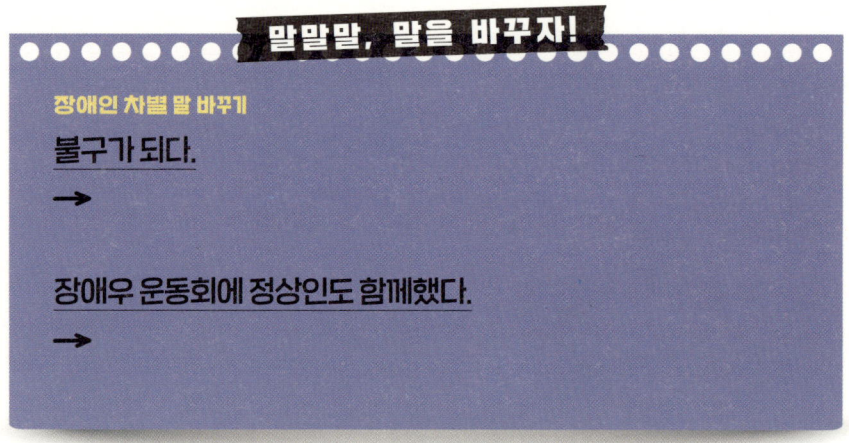

장애를 극복한 위대한 과학자?

세계적인 물리학자, 스티븐 호킹이 사망하자 세계 각국의 언론은 앞다투어 기사를 내보냈어. 그에 대한 기사는 대부분 이런 식이었어.

> 호킹은 신경이 마비되는 장애에도 불구하고 빅뱅과 블랙홀의 수수께끼를 풀어낸 한편, 그를 유명인사로 만들어준 책을 쓰기도 했다.

기사 앞에 대부분 '장애에도 불구하고' '장애를 극복하고' 등의 말을 넣었지. 스티븐 호킹의 과학적 업적은 누구와 견줄 수 없을 정도로 대단한 것이었음에도 사람들은 그의 '장애'에 초점을 맞춰서 보도한 거야. 이런 기사들이 쏟아지자, 사람들은 장애는 극복해야 할 대상이 아니라며 비판했어.

　이런 태도를 에이블리즘이라고 해. 에이블리즘은 '장애인 차별'이라는 말로, 장애인을 비장애인 입장에서 해석하는 태도를 말해.

　장애인의 입장에서 장애를 극복했다는 표현은 불쾌할 수 있어. 장애는 극복할 대상이 아니기 때문이야. 장애인과 비장애인 모두 스스로 이루고 싶은 일이 있어. 그 일들을 해낸 사람들은 모두 동등하게 그 일로 평가해야 해. 장애를 극복해야 하는 것으로 여긴다면 평범하게 살아가는 장애인들은 반대로 장애를 극복하지 못한 사람으로 여겨지기 쉬워. 비장애인이 평범한 삶을 사는 것처럼 장애인도 똑같이 살아가는 것일 뿐이야.

　4년에 한 번 패럴림픽이 열려. 패럴림픽은 신체적, 정신적 장애를 갖고 있는 사람들이 선수로 참여하는 세계적인 경기야. 이 경기가 끝나면 미디어에는 온통 "장애를 극복한 선수"라는 말로 도배가 돼. 장애인이 기사를 썼다면 그들을 향해 "장애를 극복했다"라는 말을 썼을까?

비장애인이 장애인을 이해하는 건 어려운 일이야. 하지만 비장애인은 계속해서 장애인을 이해하려고 노력해야 해. 특히 사람들의 언어 습관이 장애인에게 상처를 주지는 않는지 끊임없이 돌아봐야 하지.

선한 의도로 한 말?

장애인을 도우려고 한 말이 오히려 장애인에게 상처를 줄 수도 있어. 한 동네에 장애인 학교가 들어온다고 하자, 동네 사람들이 반대를 한 적이 있었어. 장애인 학교가 들어오면 집값이 떨어진다는 잘못된 생각 때문이었지. 이 일로 시위가 일어나기도 하고, 장애인 학교 설립에 반대하는 현수막이 곳곳에 붙었어. 장애인과 장애인 자녀를 둔 부모들은 큰 상처를 받았지.

이런 이기적인 행동이 이어지자, 이것에 반대하는 움직임도 일어났어. 사람보다 집값을 걱정하는 동네 사람들을 비판하고, 장애인 학교가 들어서야 한다는 입장이었지. 이렇게 장애인을 돕는다는 생각으로 누군가 인터넷에 이런 글을 올렸어.

"이기적인 당신이 진정한 장애인입니다."

이기적인 사람들을 비판하려는 의도로 쓴 글이지만, 이 말을 곱씹어보면 '장애인은 이기적인 사람'이라는 뜻이 될 수 있어.

또 누군가는 이런 글을 쓰기도 했어.

"똑같이 장애인이 되어 봐야 해."

이 말도 장애인이 되면 불행하다는 뜻으로 읽힐 수 있지.

말뿐 아니라, 텔레비전 개그 프로그램에서는 가끔 몸을 이상하게 움직이며 지체 장애인을 따라하기도 해. 정신 장애인을 흉내 내며 우스꽝스러운 모습으로 다른 사람들을 웃기기도 하지. 그런데 이런 개그를 장애인이 보고 있다면, 그게 과연 웃길까?

누군가를 돕기 위해서, 혹은 생각 없이 하는 말이나 행동이 누군가를 아프게 할 수도 있어. 지금 나는 그런 언어를 사용하고 있지는 않은지 돌아보자.

나는 제대로 알고 있을까?

장애인을 배려하는 시설, 장애인의 특권일까?

출근 시간, 버스에 휠체어를 탄 장애인이 탑승했어. 장애인을 태우기 위한 리프트가 천천히 내려갔고, 다시 천천히 올라왔어. 휠체어의 부피가 커서 사람들 사이의 거리는 더 좁아졌어. 그때 버스에 타고 있던 사람들의 마음은 어땠을까?

누군가는 이렇게 생각했을 수도 있어.

'출근 시간에 맞춰서 나왔는데, 장애인 때문에 늦겠어.'

'휠체어 때문에 너무 비좁잖아. 꼭 이렇게 붐비는 시간에 나와야 했나?'

'장애인이 왕인가. 우리가 다 기다려야 하는 건 불공평해.'

그럼 장애인은 어떻게 생각하고 있을까?

'계속 계단 있는 버스만 와서, 버스를 기다리는 데 30분이 걸렸어.'

장애인을 배려하는 시설, 장애인의 특권일까?

'눈치가 좀 보이는데, 나도 출근을 해야 해서 어쩔 수 없어.'

실제로 많은 장애인들이 이동하는 것에 불편을 겪고 있어. 이렇게 불편함 없이 움직일 권리를 '이동권'이라고 해. 지하철이나 버스를 이용하는 것도 모두의 권리이기 때문에 장애인도 자유롭게 이용할 수 있어야 하지. 그런데 실제로 도로와 건물 곳곳에 있는 문턱 때문에 원하는 곳에 갈 수 없는 경우가 많아. 버스의 계단 때문에 아예 타지 못하는 경우도 있어. 지하철에는 리프트가 있지만 이 리프트를 타려다가 계단 아래로 굴러 떨어져 사망하는 사고도 일어나고 있지.

몸을 움직여 활동하는 건 특권이 아니야. 비장애인이 친구를 만나고, 회사에 가고, 학교에 가는 것처럼 장애인들도 원하는 활동을 할 수 있어야 해. 그러려면 비장애인이 자유롭게 활동할 수 있는 만큼 장애인도 자유롭게 움직일 수 있도록 환경을 바꿔나가야 하지. 또 모든 시설이 장애인도 함께 이용하는 시설임을 생각하고, 그들을 존중해 줘야 해.

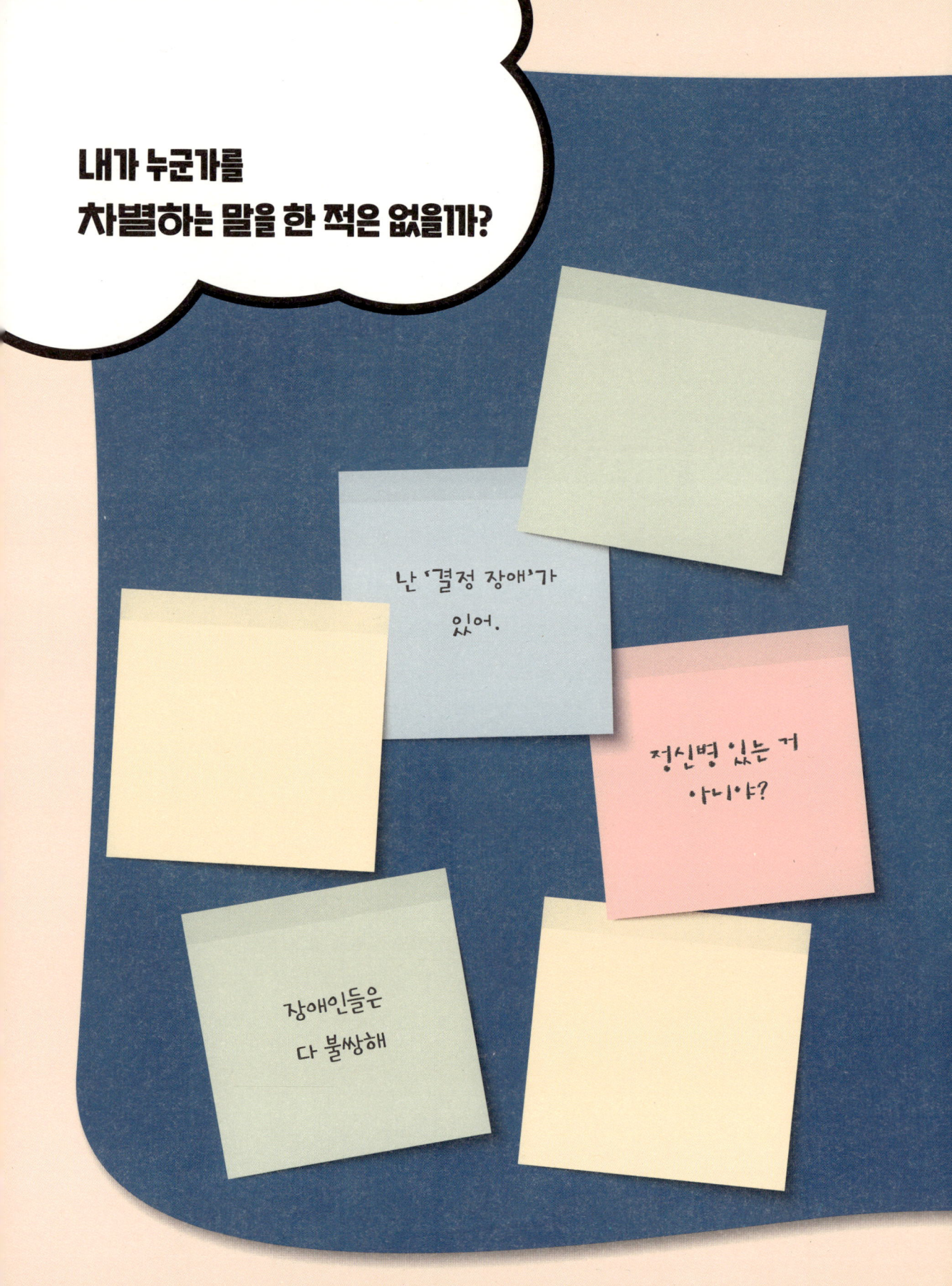

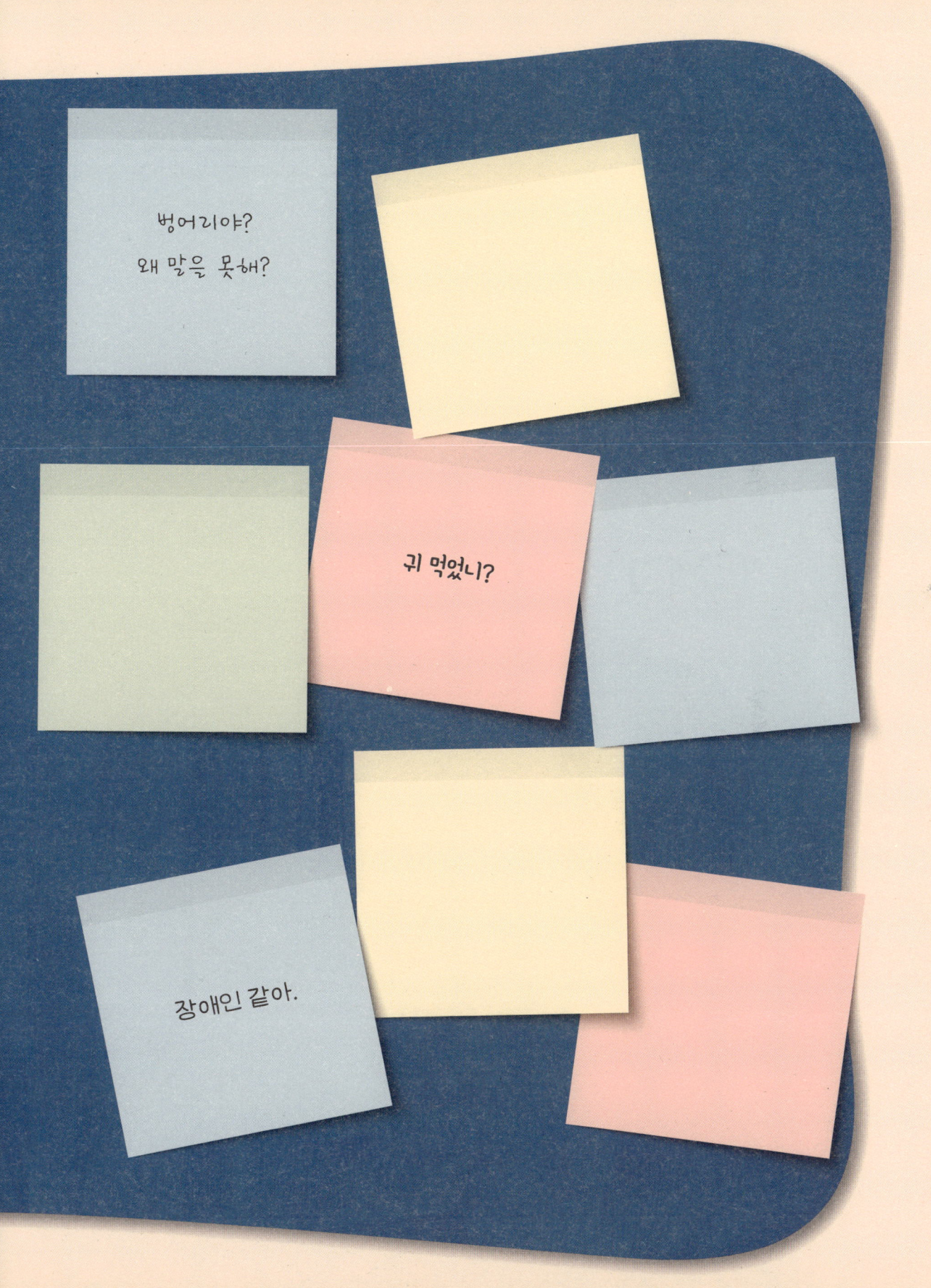

3장

말말말 말 속에 숨은 **나이 차별**

귀한 자식 매 한 대 더 때린다

 '귀한 자식 매 한 대 더 때린다'는 속담은 자식이 귀할수록 매로 때려서라도 버릇을 잘 가르쳐야 한다는 말이야.
 정말 매를 많이 맞은 아이일수록 바르게 자랄까? 매를 들고 무섭고 엄하게 가르쳐야 아이들이 잘 자란다는 과학적 근거는 없어. 반대로 아이에게 매를 들었을 때, 아이의 공격적 성향, 반사회적 행동 등 부정적인 행동을 보였다는 실험 결과는 많아.

누가 때리던지 때리는 것은 폭력이야. 친구들끼리 서로 때리면 안 되는 것처럼 부모님도 아이들을 함부로 때려서는 안 돼.

'아동 폭력'은 큰 사회 문제야. 아이들을 학대하고, 심지어 아이를 죽음에 이르게한 부모가 뉴스에 종종 나오지. 이런 폭력도 처음엔 아주 가벼운 매에서 시작되었을 수 있어. 처음에 매를 들어서 아이가 말을 잘 들었다는 이유로 점점 더 세게 때릴 수도 있지. 만약 부모님의 폭력이 계속되거나, 학대당한다고 여겨질 때는 주변 어른에게 곧바로 얘기하거나 경찰에 신고해야 해.

가끔 뉴스에서 부모가 목숨을 끊으며 자식까지 함께 살해하는 사건도 나와. 이런 사건은 아이를 하나의 인격이 있는 사람으로 생각하기보다 부모의 소유물로 여기기 때문에 일어나는 거야.

우리 모두는 하나의 인격체야. 부모나 선생님이라고 해서 아이들을 마음대로 할 수는 없어.

애들이 뭘 알아? 청소년은 공부나 해야지?

2019년, 선거 연령을 만 19세에서 만 18세로 하향하는 법이 통과되었어. 2020년부터 만 18세 청소년도 투표할 수 있고, 정당에 가입할 수 있는 권리가 생긴 거지. 그런데 이 법이 통과된 후에 기사에는 이런 댓글이 달렸어.

> "공부해야 하는 청소년이 뭘 안다고 투표를 하냐."
> "청소년은 이런저런 말에 잘 선동돼서 선거권을 주면 안 돼."

모두 청소년을 스스로 판단하지 못하는 어리숙한 존재로 보는 댓글이었지. 저 댓글을 쓴 사람들의 말처럼 청소년은 미성숙한 존재일까? 어쩌면 어른들의 말에 갇혀 스스로도 그렇게 생각하고 있을지 몰라. 하지만 청소년은 분명 스스로 생각하고, 결정할 수 있는 독립적인 존재야.

청소년의 삶을 '어른이 되기 위해 준비하는 삶'이라고 생각하는 것은 어쩌면 어른들이 심어 준 생각일 수도 있어. 청소년도 지금의 삶을 충분히 살아낼 권리가 있어. 청소년을 무시하고, 통제하는 행위에 대해서는 고민해 보고, 그것에 반대할 용기가 필요하지.

사람은 누구나 완벽할 수 없음에도 불구하고, 청소년을 특히 불완전한 존재로 여긴다면 그건 잘못된 거야. '새파랗게 젊은 애가' '머리에 피도 안 마른 게' 같은 표현도 '어려서 아무것도 모른다'는 속뜻이 담겨 있어. 이것 역시 우리 사회에 깊이 뿌리박혀 있는 편견에서 비롯된 말이야.

말말말, 말을 바꾸자!

나이 차별 말 바꾸기

애들이 뭘 알아?
→

청소년은 공부나 해야지?
→

착한 아이?

어른들은 어른의 말을 잘 듣는 아이에게 "착하다"라고 말하면서 아이들의 순종적이고 착한 모습을 기대할 때가 많아. 이런 사고에는 어른들의 말은 모두 옳고, 아이들은 어른의 지시에 따라야 한다는 생각이 깔려 있어. 물론 어

른들은 더 많은 시간을 살았고, 더 많은 것을 경험했을 수 있어. 하지만 자기의 생각이 '모두' 옳다고 생각하는 건 잘못된 거야.

　어른들이 말하는 대로 생각하고, 따르기만 하면 스스로 생각하는 능력을 키울 수 없어. 어른의 말을 듣고, 그것이 옳은지 스스로 고민해 보는 것이 필요하지. 그리고 어른들의 방법이 부당하거나, 더 좋은 방법이 있다면 그것을 충분히 말하고 설득할 수 있는 환경이어야 해.

　"공부도 잘하고, 말도 잘 들으니까 좋은 애야."

　위의 말도 잘 생각해 볼 필요가 있어. 가끔 어른들은 순종적이고, 밝은 청소년을 바른 청소년으로, 그 반대에 해당하는 청소년을 문제아로 여기는 경향이 있어. 이런 말을 듣고, 청소년 스스로도 바른 청소년이 되려고 애쓰기도 하지. 하지만 '바른 청소년'이라고 정해진 모습은 없어. 바른 청소년이 되려고 애쓰기보다 나의 모습을 사랑하고, 아껴 주는 게 중요해.

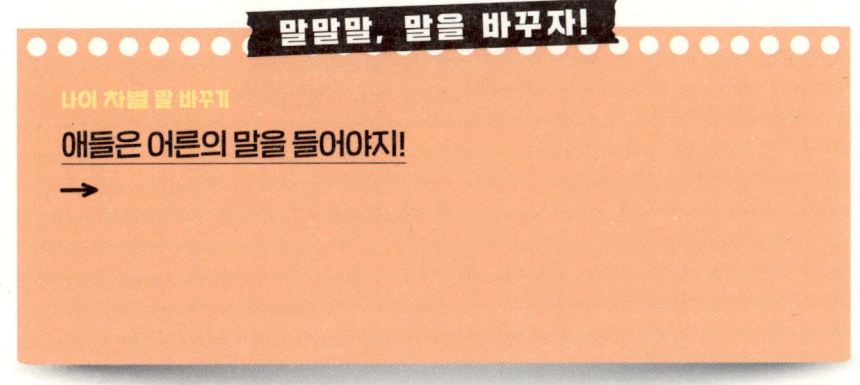

무서운 10대, 중2병?

> 무서운 10대들이 또 사고를 쳤습니다.

　우리는 성인이 일으킨 사고보다 청소년이 일으킨 사고에 더 크게 반응해. 같은 일이 학교와 회사에서 일어났다면 학교에서 일어난 일은 더 크게 받아들이지. 그리고 사고를 친 청소년을 향해 '역시 청소년은 미성숙해서 성인의 제재가 필요해.'라는 생각을 하기도 해. 그런데 사건, 사고는 청소년 사회에서 특히 더 많이 일어날까?

　모든 사건은 연령대에서 고르게 발생해. 물론 청소년은 앞으로 살아갈 날이 더 많기 때문에 청소년 때에 잘못을 저지르면 죗값을 치르고, 바르게 살 수 있도록 도움이 필요해. 하지만 모든 청소년을 '범죄를 저지를 수 있는 아이들'로 생각하면 안 돼. 이런 시각은 공부를 못하거나, 놀기 좋아하는 친구들을 '비행 청소년'으로 생각하는 경우에도 해당 돼.

　최근에는 청소년들을 향해 중2병이라는 말을 자주 쓰고 있어. 기사에도, 강의에도, 심지어 국회의원들도 중2병이라는 단어를 쓰지.

　중2병은 부모나 교사에게 반항하거나 우울해하는 것, 감정적으로 행동하는 것, 공부를 안 하는 것 등 매우 포괄적으로 쓰이고 있어. 그런데 이런 표현이 청소년이라는 한 집단을 '문제가 있는 집단'이라고 생각하게 만들 수도 있어. 또 각 개인이 겪는 다른 문제들을 '중2병'이라고 만들어 버리는 건 청소년 한 사람을 이해하는 데 장애물이 될 수도 있지. '중2병이니까 이러는 걸 거야.'라고 생각하며 심각한 우울증을 무시해 버릴 수도 있는 거지.

말말말, 말을 바꾸자!

나이 차별 말 바꾸기
중2병?
→

급식충, 등골브레이커?

최근에 '충'이라는 말을 단어 끝에 붙이는 유행이 일었어. 대상을 혐오하는 표현으로 대상을 나타내는 말 뒤에 '벌레'라는 말을 붙인 거야. 이런 혐오들 속에 '급식충'이라는 말도 생겨났어.

급식충이라는 말은 무상급식이 시작되면서 생겼어. 사회에 기여하지 않으면서 **세금을 내지 않으면서** 복지의 혜택을 받는다는 것을 비하한 표현이기도 하지. 하지만 모두가 복지를 받을 만큼 사회에 기여를 해야 하고, 기여도가 높은 사람들이 더 높은 복지를 받는다면 그게 복지가 맞을까? 국가는 국민을 책임진다는 사명을 가지고 있어. 무상급식을 먹는 학생들 모두 국민이기 때문에 국가에서 책임을 지는 거지.

청소년을 향해 '등골브레이커'라는 말을 쓰기도 해. 부모님이 벌어오는 돈을 마음껏 쓴다는 의미로, 청소년이 부모에 의지해 살아간다는 걸 비판할 때 쓰는 말이기도 하지. 이런 표현들은 어린이와 청소년들을 향해 '고마움을 모

르는 배은망덕한 존재'라는 편견을 갖게 해.

하지만 모든 청소년들이 부문별하게 돈을 쓰는 것이 아니기 때문에 이런 표현을 해서는 안 돼. 또 청소년들이 직접 돈을 벌어서 쓰기를 원한다면, '청소년=공부'라는 공식을 사회에서 바꿔야 해. 성인과 같은 대접을 하고, 성인과 같은 임금을 주지 않으면서, 이렇게 비판할 권리는 없어.

말말말, 말을 바꾸자!

나이 차별 말 바꾸기
급식충?
→

고령자? 노인은 젊은이보다 머리가 나쁠까?

　한자어로 나이가 많은 사람을 뜻하는 '고령자'는 차별하기 위한 말이 아니지만, '고령자'라고 불리면 '능력이 떨어질 것 같다'는 생각 때문에 2017년부터는 고령자를 장년이라는 말로 바꿔 부르는 법이 통과되었어.
　예전에는 55세 이상을 고령자라고 불렀는데, 평균 수명이 늘어나고 의학이 발달하면서 55세는 스스로 '고령'이라고 생각하지 않게 되었어. 충분히 생산 활동을 할 수 있는 나이고 말이야. 하지만 여전히 나이가 많은 사람은 능력이 떨어진다고 생각하며 차별하는 사람이 많아. 과학자들은 이것이 잘못된 생각이라고 말해. 미국 UCLA의 바트조키스 박사의 연구에 따르면, 인간의 뇌기능은 40~60세 사이에 최절정기에 이른다고 해. 또 뇌과학 연구의 세계적 권위자인 듀크대의 카베자 박사는 이들은 20~30대의 젊은이들과 비슷한 기억력, 추리력 등의 지적 수행능력을 보인 60대 이상 노인들이, 한쪽 뇌만을 사용하는 젊은이들과는 달리 양쪽의 뇌 모두를 사용한다는 것을

알아냈어. 이처럼 뇌는 다른 신체기관과 달리 노화에 적극 대응하고, 변화해 간다는 사실을 입증한 거지.

젊은 사람들이 시대의 흐름에 민감하고, 그것에 빨리 적응한다는 장점이 있다면 장년들은 이미 알고 있는 것들을 잘 활용할 수 있는 능력이 있어. 각각 다른 장점을 가지고 있는 거지.

이래도 노인의 능력이 떨어진다고 말할 수 있을까?

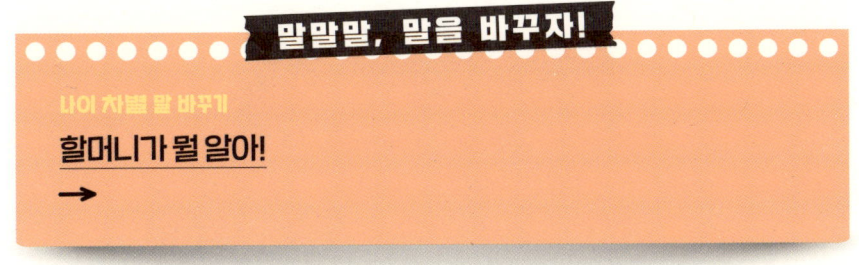

시들어 버린 꽃?

나이가 들면 매력이 사라진다는 편견도 있어. '시들어 버린 꽃'이라는 표현도 그중 하나야. 이 말은 주로 여성에게 쓰이는데, 나이가 들어 더는 예쁘지 않다는 의미로 쓰이지.

이런 생각이나 표현은 너무 뿌리 깊이 박혀 있어. 흰머리가 나는 사람에게는 염색하라는 권유를 자연스럽게 하고, 텔레비전에서는 주름 없애는 화장품을 열심히 광고하지. 이런 분위기 속에서는 늙는 것에 대한 불쾌함, 슬픔을 당연한 것처럼 여기게 돼.

그런데 우리는 모두 늙어. 나이가 많은 사람을 차별하던 사람도 결국 차별받는 입장이 되고 말지. 내가 늙었을 때, 나를 불행한 사람 취급하면 어떨 거 같아?

우리는 '늙음'을 자연스럽고 아름다운 삶의 과정으로 받아들일 수 있는 사회를 만들어야 해. 흰머리도, 주름도 아름다움이 되는 세상을 말이야.

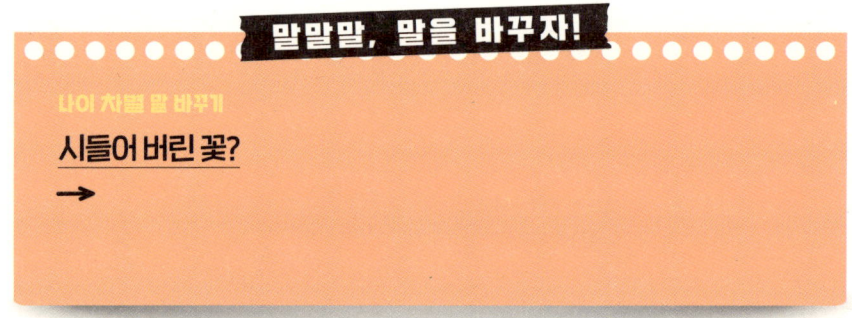

나는 제대로 알고 있을까?
모두 '차별 없이' 사생활을 보호받을 권리

어리다고 사생활이 없거나, 누구나 일상을 알아도 되는 건 아니야. 마찬가지로 공인이라고 해서 일상을 모두 공유해야 하는 것도 아니지.

"어리니까 마음대로 검사해도 돼!" "연예인이니까 일상을 알려줘야 하는 건 당연하지!"라는 말도 '차별'이야. 내가 보여 주고 싶지 않은 모습이 있는 것처럼 모두 감추고 싶은 부분이 있어. 내가 감추고 싶은 부분이 있다면, "보

나는 제대로 알고 있을까?
모두 '차별 없이' 사생활을 보호받을 권리

여 주고 싶지 않아요!"라고 솔직하게 말하고, 다른 사람의 사생활도 나의 사생활처럼 지켜 주자. 그러면 사회는 좀 더 행복해지지 않을까?

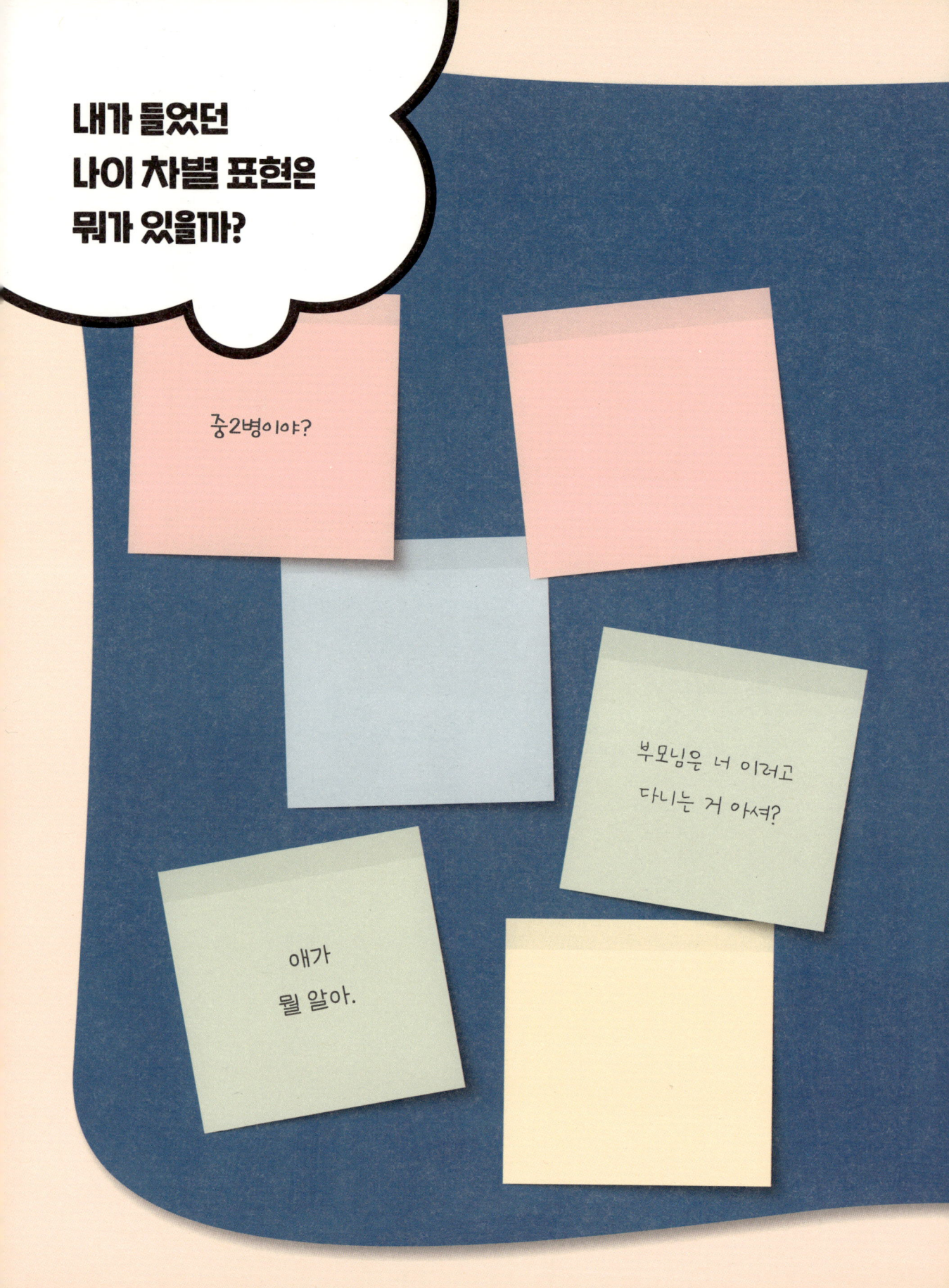

애들은 몰라도 돼.

청소년이 무슨 화장이야.

요즘 젊은 것들은 버릇이 없다.

애들은 어른들의 말을 들어야지!

머리에 피도 안 마른 게

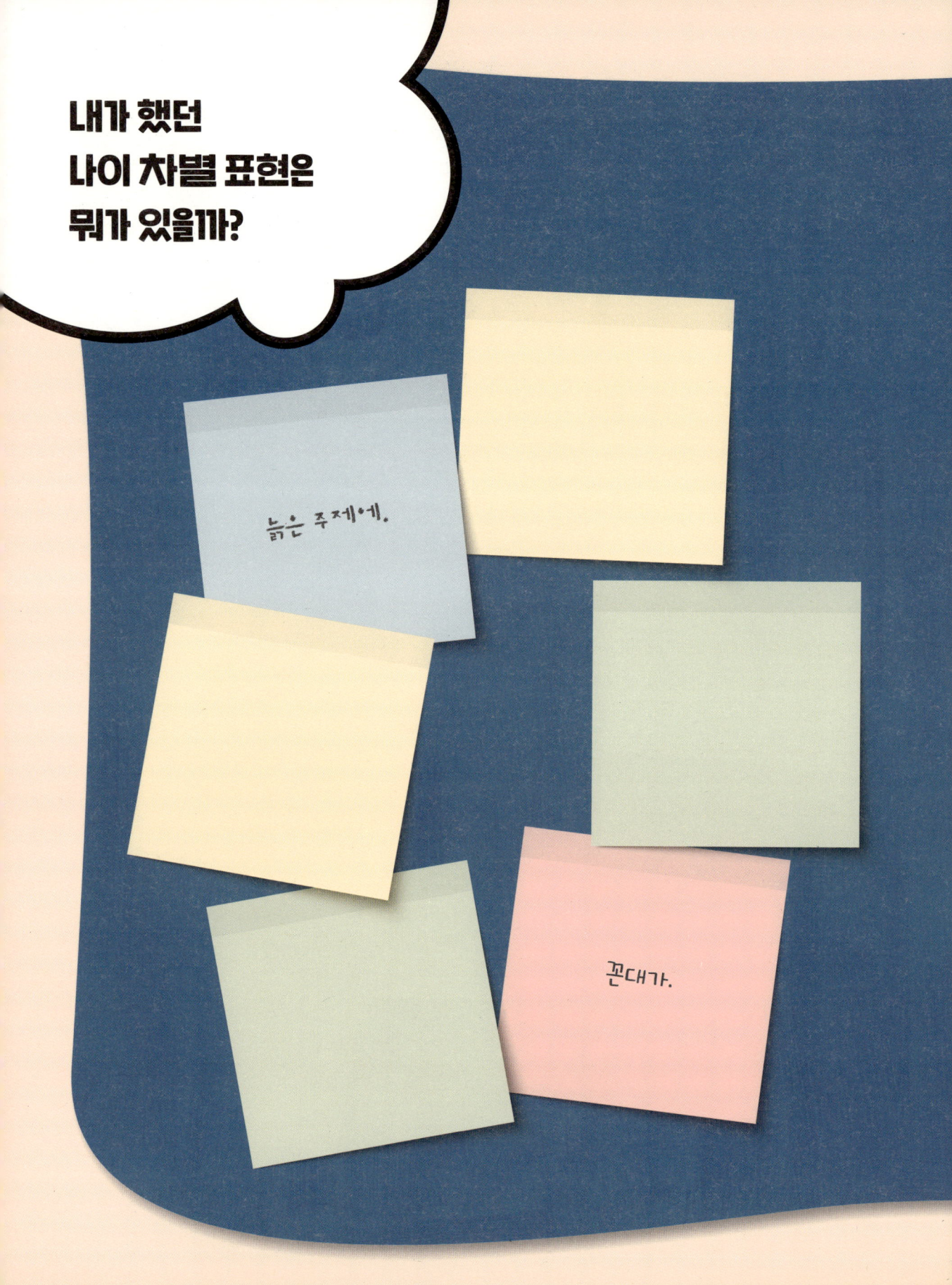

저 주름 좀 봐.

할머니, 할아버지가
뭘 알아.

4장
말말말 말 속에 숨은 인종 차별

혼혈아?

혼혈아는 서로 다른 국적의 부모가 결혼해 낳은 아이를 말해. 서로 다른 인종 사이에서 낳은 아이의 경우에는 생김새가 조금 다르다는 이유로 더 '혼혈아'라는 말을 많이 듣지. 혼혈아라는 단어의 뜻을 보면 '피가 섞인 아이'라는 뜻이야. 그렇다면 혼혈아의 반대말은 '순수한 피를 가진 아이'일까?

우리나라의 경우에는 오랫동안 '한민족'을 중요하게 생각하는 사고가 강했어. 대한민국에서 같은 피부색, 같은 언어를 쓰는 사람들만 우리 민족이라고

생각한 거지. 그래서 다른 민족과 결혼하거나 그 사이에서 낳은 아이는 '혼혈아' 혹은 '튀기 잡종이라는 뜻'라고 부르며 차별했어.

그런데 우리 조상들은 전부 다 '한민족'일까? 한반도의 긴 역사에는 여러 번 다른 나라와의 전쟁과 무역, 교류가 있었어. 통일 신라 때는 이슬람 상인들이 거주하기도 했고, 고려 시대에는 중국인 관리가 우리나라에 귀화해서 가정을 꾸렸다는 기록도 있어. 우리들의 뿌리를 찾다보면 모두 '혼혈아'일 수 있는 거지.

'혼혈아'라는 말에 차별적인 뜻이 들어 있다는 의견이 계속 나오자, 혼혈아는 '다문화 가정의 자녀'라는 말로 순화되었어. 하지만 여전히 혼혈아라는 말은 기사나 뉴스, 심지어 책에서도 많이 쓰여.

다문화?

혼혈이라는 말이 다문화로 순화된 뒤에 차별은 좀 사라졌을지 몰라. 그런데 여전히 '구분'하고 있어. '다문화'라는 말이 생긴 건, 같은 국적끼리 결혼한

가정과 그렇지 않은 가정을 구분하기 위해서인 거지. 언어에서부터 구분하면 사람들은 소수를 나와 다른 사람으로 생각해 버려.

2019년 국가통계포털 설문 조사에 따르면 우리나라의 다문화가정은 100만 명을 넘겼다고 해. 그런데 다문화가정을 대상으로 차별받은 경험이 있는지 조사했더니, 1년에 1,2회 당한다는 사람이 50%나 되었고, 1주일에 1~2회 이상이라고 답한 사람도 3.9%나 됐어. 외모가 조금 다른 다문화가정 자녀라는 이유로 또래 아이들에게 집단 폭행을 당하다 숨진 사건도 있었어.

다수의 사람이 속해 있는 것을 정상으로 보고, 소수의 사람을 비정상이라 판단하는 건 위험한 일이야. 우리 모두 같은 '생명'이라는 생각을 갖고, 동등하게 대하는 자세가 필요해.

말말말, 말을 바꾸자!

인종 차별 말 바꾸기
다문화가정
→

우리가 말을 바꿀 수 있을까?

이 크레파스는 무슨 색일까? 아직도 살색이라고 말하는 사람이 있으려나?

살색으로 불리던 이 색깔은 이제 살구색이라는 새 이름을 갖게 되었어. 한 외국인 근로자 복지 시설 원장인 김해성 목사님이 '살색'은 인종 차별 표현이라며 국가인권위원회에 진정서를 냈고, 그 뒤에 정말 이름이 바뀌게 된 거야.

우리의 살 색깔은 모두 달라. 같은 가족 중에도 좀 더 하얗고 붉은빛이 나는 사람이 있는가 하면 까맣거나 노란빛이 도는 사람도 있어. 이렇게 모두 다른 살 색깔을 가졌는데, 하나의 색을 '살색'이라고 표현하는 건 처음부터 잘못된 거야. 그리고 크레파스를 주로 사용하는 아이들이 사람을 칠할 때 '살색'으로 칠하며 그 색깔이 예쁜 사람의 색깔이라고 생각할 수도 있어. 그것보다 하얗거나 까만 살색을 가진 사람은 '다르다' 혹은 '예쁘지 않다'는 편견을 만들 수 있다는 거지.

살색이 살구색이라는 이름으로 바뀌었지만 여전히 살색 스타킹, 살색 테이프 등 물건의 색깔을 표기할 때 쓰이고 있어. 외국에서도 '누드 컬러'라는 말이 문제되고 있어. '누드'는 영어로 '살 색'이라는 뜻인데 주로 패션 업계에서 '누드톤 립스틱' '누드톤 드레스'라는 표현으로 많이 쓰이지. 그런데 여기서 말하는 '누드 컬러'는 백인의 피부색을 말해. '누드 컬러'가 백인 중심적인 생각에서 나온 말이라는 걸 알려 주지.

이제는 한 나라에도 다양한 피부색을 가진 사람들이 살고 있어. 우리는 누군가를 외모로 차별하는 단어는 없는지 잘 생각한 뒤에 바꾸어야 해. 그런 단어를 발견한다면 살색을 살구색으로 바꾼 것처럼 우리도 적극적으로 행동해 보면 어떨까?

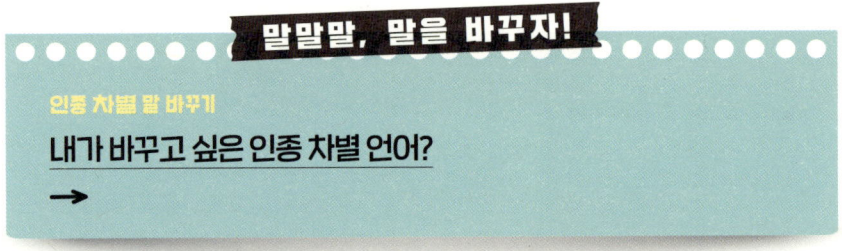

짱깨, 쪽발이, 조센징?

대한민국은 중국, 일본과 오래전부터 교류했어. 물론 세 나라 간에는 아픈 역사도 많지. 그래서인지 우리나라에는 특히 중국인과 일본인을 비하하는 표현이 많아. 중국에 관련된 뉴스가 나가면 '짱깨'라는 댓글이 꼭 달리고, 일본에 관련된 뉴스가 나가면 '쪽발이'라는 댓글이 달리지.

짱깨와 쪽발이 모두 오래된 말이라 어디에서 왔는지 명확히 알 수는 없지만, 짱깨는 가게 주인을 뜻하는 '장궤'에서 나온 말이라는 의견이 많아. 그런데 중국 음식인 '자장면'과 발음이 비슷하다는 이유로 중국인을 비하할 때 '짱깨'라는 말이 생겼다고 해. 쪽발이는 일본인이 엄지와 나머지 발가락이 갈라지는 신발을 신는다는 것에서 유래된 말이라고 해.

짱깨의 시작인 '장궤'에는 비하의 뜻이 들어 있지 않지만, 사람들은 짱깨라는 단어에 중국인에 대한 부정적인 시각들을 담아서 표현하곤 해. 쪽발이는 단어 자체에 비하의 뜻을 가지고 있어. 마찬가지로 일본인에 대해 부정적으로 이야기할 때 쪽발이라는 단어를 쓰는 사람들이 있지.

중국이나 일본에도 한국인을 비하하는 표현이 있어. 우리가 잘 알고 있는 '조센징'이라는 표현도 일제가 대한민국을 강제 점령했을 때 조선 사람을 불렀던 단어로, 최근에는 한국인을 무시할 때 이런 표현을 쓰지.

아직 한·중·일 세 나라는 역사, 문화, 사회, 경제 등 풀어야 할 문제들이 많아. 하지만 이런 문제가 상대를 비하한다고 해결될까? 이런 문제들은 우리의 의견을 논리적으로 전달해서 해결해야 해. 또 국가 간의 문제 때문에 그 나라 사람을 미워하고, 비하하는 것도 잘못된 행동이야.

오리엔탈Oriental, 칭크Chink?

오리엔탈과 칭크는 서양인이 동양인을 비하할 때 자주 쓰는 표현이야. 오리엔탈은 '해가 뜨는 동쪽'이라는 뜻으로 동양인, 동양의 것을 표현할 때 쓰는 말이지. 하지만 주로 '동양인은 신뢰하지 못한다'는 동양인을 차별하는 의미가 들어 있기도 해. 미국에서는 조금씩 법과 제도를 바꿔가며 이런 표현을 쓰지 못하도록 하고 있어. 미국의 뉴욕주는 2009년에 공문서에서 오리엔탈이라는 단어 사용을 금지했고, 연방정부에서 사용하는 법규와 문서에 오리엔탈이라는 용어 사용을 금지하는 법안을 통과시켰어. 오리엔탈이라는 표현 대신 '아시안'이라는 표현으로 바꾸어 쓰기를 권고하고 있지.

칭크는 '찢어진 눈'을 뜻해. 처음에는 미국의 백인이 중국계 이민자를 부를 때 쓰는 말이었는데, 이제는 모든 아시아인을 비하할 때 쓰는 표현이야. 백

인에 비해 아시아인들의 눈이 옆으로 찢어졌다고 생각해서 만든 말이야. 손으로 눈을 늘어뜨리는 동작을 하며 동양인을 놀리기도 해. 스포츠 경기에서 이런 행동을 하는 운동선수들이 종종 보이지. 실제로 한국인 박지성 선수를 향해 "칭크를 쓰러뜨려라"라고 고함을 지른 축구 팬은 유죄 판결을 받기도 했어. 서양에서 인종 차별은 엄격하게 처벌받지만, 그만큼 차별 사례가 많기도 해. 우리가 좀 더 목소리를 내서 인종 차별을 없애야 하는 이유야.

> **말말말, 말을 바꾸자!**
>
> 인종 차별의 현장, 목격한 적이 있나요?
> →

니그로Negro, 원숭이, 흑형?

미국에서는 흑인들을 향한 인종 차별이 꾸준히 문제가 되어 왔어. 흑인을 향해 '니그로검둥이'라고 부르거나 흑인에게 원숭이를 닮았다며 원숭이에 비유하는 사람도 있지.

니그로는 흑인을 노예로 삼았던 15세기에 만들어진 단어야. 흑인을 물건처럼 취급했던 시기에 만들어진 거지. 이 단어는 당연히 금지되었고, 흑인을 '아프리카계 미국인'으로 부르기 시작했어.

하지만 흑인을 향한 인종 차별적 언어나 표현들은 남아 있어. 한 예로 스웨덴의 한 의류 브랜드는 흑인 어린이 모델에게 '정글에서 가장 멋진 원숭이'라고 쓰인 옷을 입히고 홍보했어. 반대로 백인 어린이에게는 '정글의 생존 전문가'라고 쓰인 옷을 입혔지. 흑인을 원숭이로 표현했다는 점에서 인종 차별 논란이 일었고, 결국 남아공에서는 항의 시위까지 일어났어.

바디샴푸를 쓴 흑인이 백인이 되는 모습, 세제를 물고 세탁기에 들어간 흑인이 하얀 동양인이 되는 모습 등으로 '까만 게 하얗게 된다'는 점을 강조하는 광고들도 있어. 이런 광고는 '흑인은 더럽다, 하얀 얼굴이 좋은 거다'라는 선입견을 심어 줄 수 있어.

최근에 우리나라에서는 '흑형'이라는 표현이 유행했어. 흑인을 형이라고 부르는 표현으로, 각종 스포츠에서 두각을 나타내는 흑인이 많은 걸 보고 만들어진 표현이지. 흑인을 비하하려는 목적 없이 만들어진 말이라는 생각에 흑형이라는 말은 나쁘지 않다고 생각하는 사람도 많아. 하지만 신체적 능력을 칭찬하는 표현이라 해도 피부색을 강조하면 차별이 될 수 있어. 신문 기사에도 종종 이런 실수를 저질러. 한 신문 기사에서는 백인 테니스 선수인 샤라포바에게는 '테니스 요정 샤라포바'라고 부르고 흑인

선수에게는 '흑진주 세레나'라는 표현을 사용했어. 이렇게 흑인의 피부를 강조하는 표현은 칭찬으로 한 말이라도 차별이 될 수 있어. 동양인을 향해 눈을 찢는 게 인종 차별이 되는 것처럼 말이야. 얼굴색이나 인종에 상관없이 한 사람 한 사람의 개성을 봐 주고, 인정해 주면 어떨까?

말말말, 말을 바꾸자!

인종 차별 말 바꾸기
흑형 →

불법 체류자? 조선족?

비자가 없이 한국에 머무르며 경제활동을 하고, 돈을 버는 외국인들을 뭐라고 부를까? 우리나라에서는 아직도 '불법 체류자'라는 표현을 많이 사용해. '불법'이라는 말이 들어가면 큰 잘못을 저지른 사람처럼 느껴져. 그렇다면 이 사람들은 정말 큰 잘못을 저지른 사람들일까?

전 세계적으로 불법 체류자라는 단어는 순화되고 있어. 미국에서는 '서류 미비자' '비시민권자' '비승인 이민'이라고 부르기도 해. 큰 불법을 저지른 게 아니라 아직 '승인받지 못한' 상태라는 걸 강조한 표현이지. 우리나라에서도 교육 관련 법에선 '불법 체류자' 대신 '미등록 외국인'이라는 용어를 쓰고 있어. 아직 등록되지 않은 외국인이라는 뜻이야.

사람을 나타내는 말에 '불법'을 쓴 것도 문제가 돼. 사람이 한 행동이 불법이 될 수는 있지만 사람 자체가 불법일 수는 없어.

우리나라에는 행정 절차상의 문제로 비자를 받지 못하고, 일하는 외국인 노동자들이 많아. 이들을 비판하며 차별하는 용어들도 많지. 하지만 인간은 누구나 동등하다는 걸 늘 기억해야 해.

'조선족'은 '불법 체류자'처럼 단어 자체가 잘못되지는 않았어. 하지만 '조선족은 범죄를 많이 일으킨다'라는 생각이 퍼지면서 '조선족'이라는 말이 비하하는 말이 되어 버렸어. 인터넷에서도 조롱하려는 상대를 향해 조선족이라는 표현을 쓰기도 하지. 그래서 전문가들은 '조선족' 대신 '중국 교포'라는 표현으로 부르는 문화를 확산시켜야 한다고 조언하고 있어.

외국어 영화상이 국제 장편 영화상으로!

2020년에 열린 제92회 아카데미 시상식에서 한국 영화인 《기생충》이 '국제 장편 영화상'을 수상했어. 상을 받기 위해 무대에 오른 봉준호 감독은 이렇게 말했지.

"이 상이 외국어 영화상에서 국제 영화상으로 바뀌었는데, 이름이 바뀐 후 첫 번째 상을 받게 돼서 더욱 의미가 있습니다. 오스카가 주도하는 방향에 지지와 박수를 보냅니다."

'국제 장편 영화상'의 이름은 91회 아카데미 시상식 때만 해도 '외국어 영화상'이었어. 이 상의 이름이 '국제 장편 영화상'으로 바뀐 거지. 이렇게 바뀐 데 어떤 의미가 있을까?

OSCARS

　오스카상이라고도 불리는 아카데미상 시상식은 미국에서 진행되지만, 전 세계의 영화를 대상으로 평가하고, 좋은 작품에 상을 줘. 그런데 영어로 만들어지지 않은 영화들은 수상작에서 제외하거나 '외국어'로 보는 건 맞지 않아. 영화는 각자의 언어로 만들어졌고, 모두 하나의 작품으로 봐야 하는데, 언어로 대상을 나누는 건 엄연한 차별이야.

　아카데미 시상식은 그걸 인지하고, 상 이름을 바꾼 거지. 이런 하나하나의 변화가 사람들을 나누고 차별하는 모습을 변화시키는 계기가 될 수 있지 않을까?

말말말, 말을 바꾸자!

인종 차별 말 바꾸기
내가 바꾼다면?
외국어 영화상 →

우한 폐렴? 중동 바이러스?

2020년에 시작해 우리나라를 공포에 떨게 만든 바이러스를 모르는 사람은 없을 거야. '코로나19'라는 바이러스 때문에 수많은 사람들이 목숨을 잃었고, 학교는 문을 닫고, 경제도 마비되고 말았지. 그런데 이 바이러스의 이

름 때문에 많은 논란이 있었어. 코로나19가 처음 생겼을 때, 사람들은 '우한 폐렴'이라고 불렀어. 중국 우한에서 시작된 폐렴이라는 뜻이었지.

우리나라 사람 몇몇은 우한 폐렴이 중국에서 시작되었다면서 중국 사람들을 비난했어. 또 유럽이나 미국에서는 아시아인들을 향한 무차별 폭행이 일어나기도 했지.

이런 일이 일어나자, 세계보건기구인 WHO는 바이러스의 이름에 도시·국가·지역·대륙 등 지명과 사람 이름, 특정 동물의 종이나 음식, 문화·인구·산업이나 직업 관련 용어, 지나친 공포를 부추기는 용어 등은 사용해선 안 된다고 제시했어. 특정 지역이나 사람, 문화, 직업 등을 이름으로 붙이면 그 대상에 혐오가 생길 수 있기 때문이야. WHO는 이전에 붙었던 중동호흡기증후군MERS, 스페인독감, 라임병, 일본뇌염, 크로이츠펠트-야콥병, 레지오넬라 등을 잘못된 사례라고 꼬집어 말했어. 바이러스나 병의 이름은 쉽게 만들어서 사람들이 잘 알 수 있도록 하면서도 누구도 혐오하지 않는 단어로 만들어야 해.

동양인이니까 수학을 잘하겠네?
흑인이니까 운동을 잘할 거야!

얼핏 들으면 칭찬 같은 이 말들은 왜 차별이 될 수 있을까? 사람들은 흑인의 신체 조건이 좋다고 생각해서 '운동을 잘하겠다.' '몸이 아주 좋을 거야.' 이런 말들을 하곤 해. 하지만 흑인 중에도 운동을 못하는 사람이 있어.

'흑인이니까 이럴 거다.'라고 인종에 따라 사람을 판단하는 방식 자체가 잘못됐어. 마찬가지로 서양 사람들은 '동양인이니까 수학을 잘하겠네?' '동양인이니까 똑똑할 거야.'라고 생각하는 경우가 많아. 하지만 동양인이라고 모두 수학을 잘하고, 공부를 잘하지 않는다는 건 우리가 더 잘 알고 있지? 만약 이런 평가를 하는 사람들과 학교 생활을 한다면 부담감이 엄청날 거야.

말말말, 말을 바꾸자!

인종 차별 말 바꾸기

동양인이니까 수학을 잘하겠네?
→

흑인이니까 운동을 잘할 거야!
→

말말말 말 속에 숨은 인종 차별

인종이란 말을 없애면 어떨까?

앞에서는 이해를 돕기 위해 흑인, 백인, 황인이라는 표현을 사용했는데 일상생활에서 이렇게 사람을 피부색으로 나누는 게 옳은 일일까?

우리는 모두 개성이 있는 '인간'이고, 우리 전체는 '인류'야. 피부색으로 구분할 수 없지. 가령 흑인이 대한민국에서 태어나고 자랐다면 이 사람은 대한민국에 있는 게 가장 편할 거야. 이렇게 얼굴색과 관계없이 어떤 문화권에서 사는지, 어떤 환경의 영향을 받았는지에 따라 사람은 달라져.

누군가를 보면 "어? 나랑 같은 인종이네?" 혹은 "백인이네?"라고 구분하는 것보다 무엇을 좋아하고, 어떤 것을 싫어하는지 그 사람 자체를 봐 주면 어때? 그러면 자연스럽게 인종이라는 말을 쓰지 않게 될 거야.

말말말, 말을 바꾸자!

인종 차별 말 바꾸기
흑인이야?
→

나는 제대로 알고 있을까?

난민을 받아들여야 할까?

안녕?
나는 예멘에서 왔어.
예멘은 중동에 있는 이슬람 국가야. 지금 예멘은 내전이 일어나서 수많은 사람이 죽고 있어.
나는 전쟁을 피해서 이곳에 겨우 왔지.
나를 받아 줄 나라가 있을까?

　난민은 한자로 어려울 난難, 백성 민民이라고 써. '어려운 백성'이라는 뜻이지. 실제로 난민은 인종, 종교 또는 정치적, 사상적 차이로 인한 박해를 피해 외국이나 다른 지방으로 탈출하는 사람들을 말해. 즉, 갈 곳이 없는 사람들이지. 세계적으로도 난민은 큰 문제가 되고 있어. 난민들은 다른 나라에 자신들을 받아달라고 요청하지만 각 나라에서는 난민을 받을 것인지 받지 않을 것인가를 놓고 설전을 벌이기도 하지.
　우리나라에도 2018년 예멘에서 제주도로 온 500명이 넘는 난민들이 난민 신청을 했어.

나는 제대로 알고 있을까?
난민을 받아들여야 할까?

아래 각 의견을 읽고, 우리는 어떤 선택을 할 수 있을지 고민해 보자.

난민을 받아들이면 안 돼
- 우리나라는 아직 난민을 받아들일 준비가 되지 않았어.
- 이슬람교에서는 일부다처제를 허용하고, 여성을 억압하는 정책들이 많아. 이것을 우리나라에서도 적용한다면 여성의 지위가 떨어질 거야.
- 난민을 받아들이면 비용이 드는데, 그 비용은 국민들의 세금에서 나가는 거야. 우리나라에도 어려운 사람들이 많은데 난민을 도와주느라 돈을 쓰는 건 안 돼.

난민을 받아들여야 해
- 모든 사람의 인권은 존중받아야 하고, 난민들은 생존을 위해 이곳에 왔으므로 받아줘야 해.
- 우리나라 역시 6·25전쟁 당시 난민이 된 사람이 많았고, 우리나라 사람들을 받아 준 국가들이 많았어. 이제 우리가 난민들을 도울 차례야.
- 이슬람을 믿는 사람들이 전부 테러리스트라고 할 수 없어.
- 우리나라는 저출산 국가로 인구가 부족해. 난민을 받아들여서 이 문제를 해결할 수도 있어.
- 난민을 받아들인 국가에서 범죄율이 증가했다는 통계는 없어.

이렇게 많은 수의 난민은 처음이었기 때문에 국가적으로 큰 이슈가 되었지. 난민 문제를 놓고 사람들은 팽팽하게 대립했어.

너의 생각은 어때? 난민을 받아들여야 할까? 신문이나 뉴스를 더 찾아보고 생각을 정리해 보자.

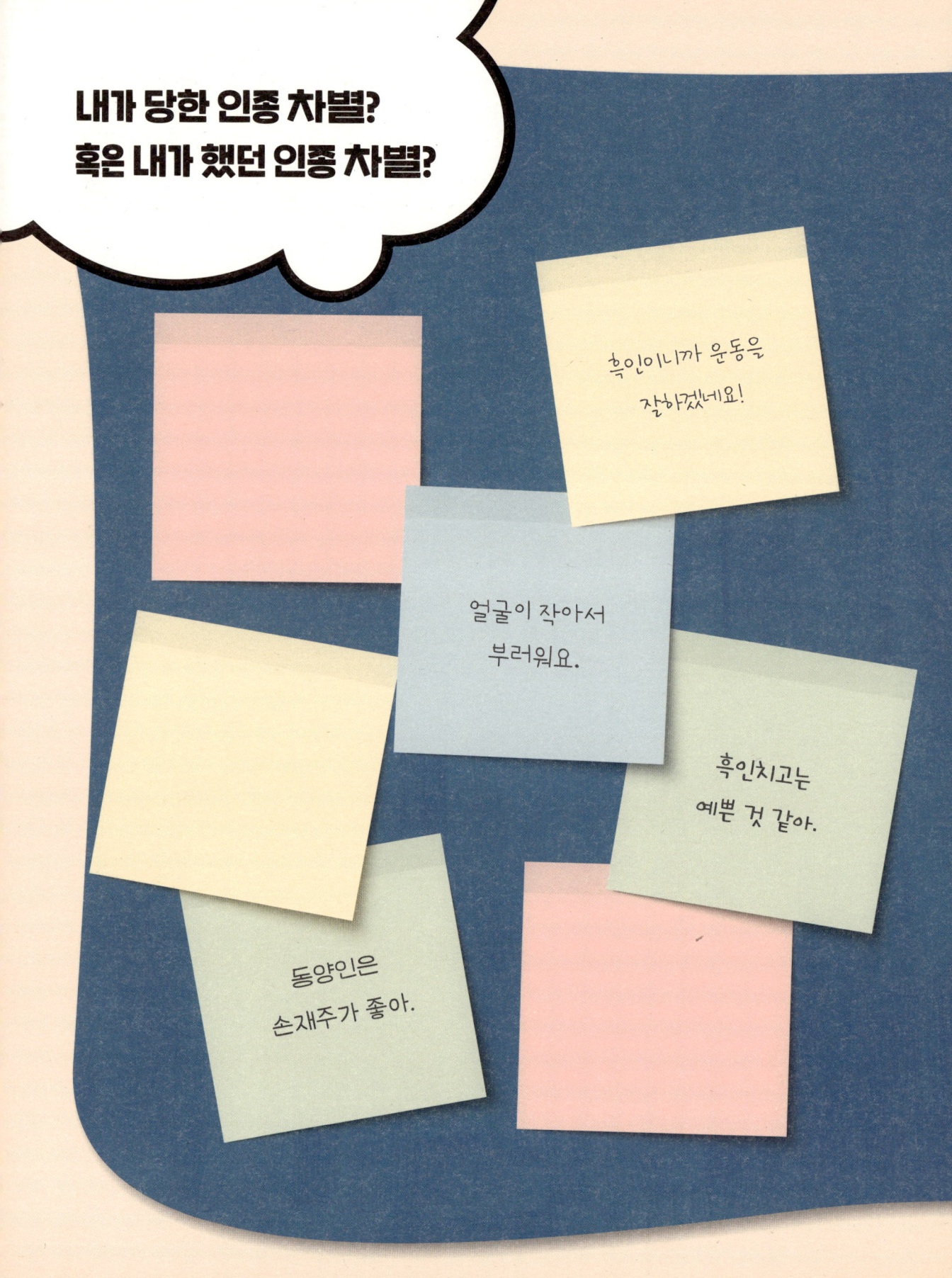

- 금발머리는 예쁘지만, 공부는 못할 거 같은데?
- 테러를 저지르는 중동 사람들이 미워!
- 인도 사람이니까 수학을 잘하겠네?
- 중국 사람이에요? 아니면 일본 사람?

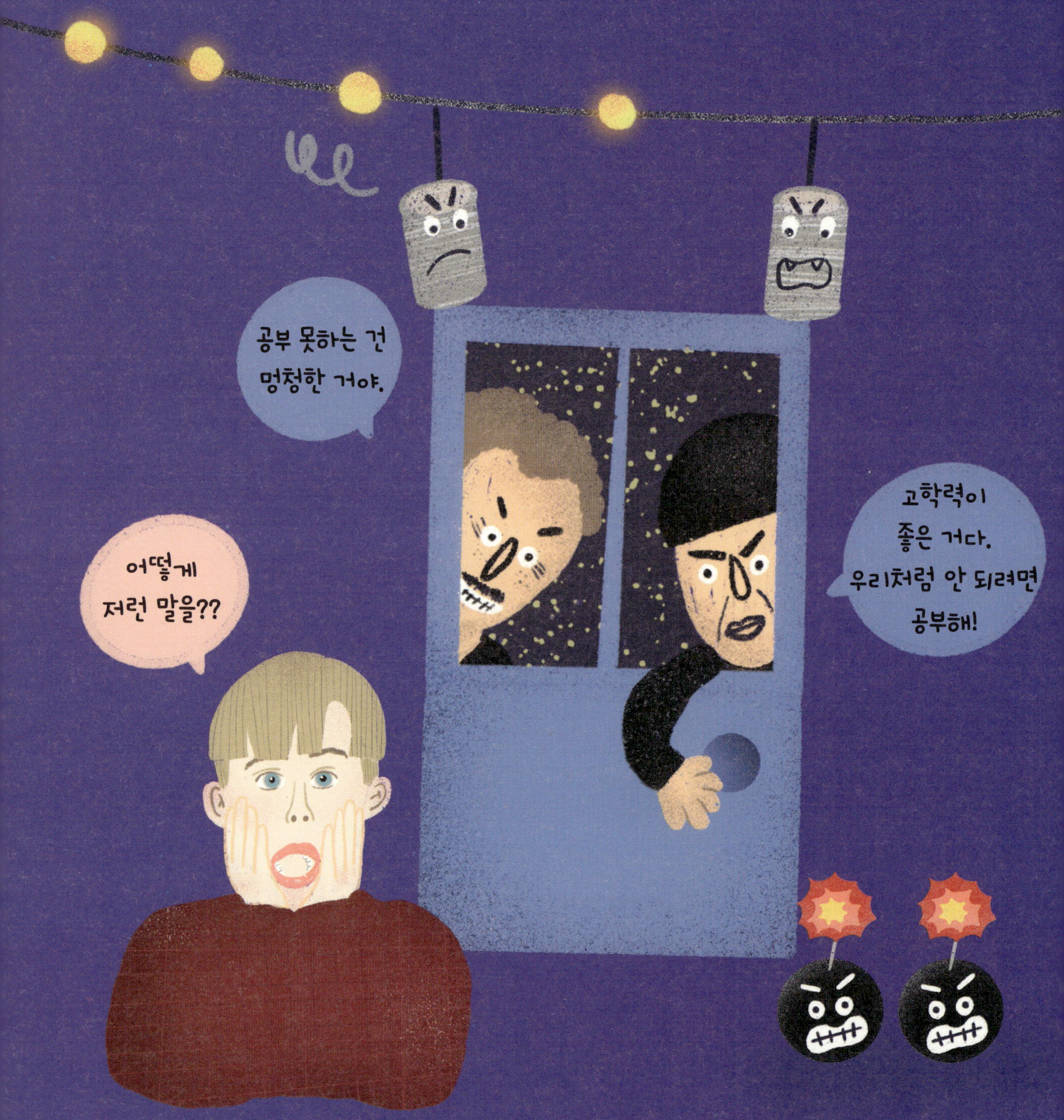

공부 못하는 건 멍청한 거야.
고학력이 좋은 거다. 우리처럼 안 되려면 공부해!
어떻게 저런 말을??

5장

이런 말도 **차별**이 될 수 있다고?

많이 먹어서 뚱뚱해? 예민해서 말랐다고?

언뜻 들으면 맞는 말 같아도 잘 생각해보면 차별하는 말도 될 수 있어. 많이 먹으면 살이 찌는 건 맞지만 특정 병에 걸리거나 유전적인 영향으로 살이 찌는 사람들도 많거든. 마른 사람들도 마찬가지야. 마른 사람들에게 "넌 말라서 좋겠다."라는 말이 상처가 될 수도 있어. 많이 먹으려고 노력하는데 살이 찌지 않는 경우도 있거든.

이렇게 외모로 상대방을 파악하려는 행동은 잘못되었어. 외모로 판단하는 모습이 사회 전반에 깔리게 되면 사람들은 자기의 모습에 자존감을 잃게 돼. 텔레비전에 나오는 사람들과 자신을 비교하고, 자기의 외모를 비하하기도 하지. 사람들이 기준으로 세워 둔 '아름다움'을 쫓아가려고 '자기다움'은 잃어버리는 거야. '아름다움의 기준은 외모가 아니라 내면이라는 것!' 알고는 있지만 실천하기는 어려운 이 진리를 우리부터 실천해 보면 어떨까?

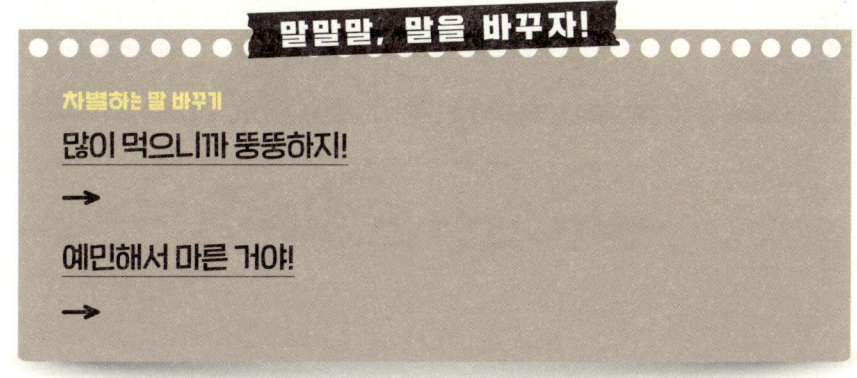

예쁘다고 하면 좋은 거 아니야?

외모에 관한 칭찬은 모두 옳은 것일까? 예쁘다고 말하는 것도 '평가'이기 때문에 '외모에 관한 칭찬은 되도록 하지 말아야 한다'는 목소리가 높아지고 있어.

러네이 엥겔른 미국 노스웨스턴대학교 심리학과 교수는 20년 가까이 연

구한 결과, 외모에 대한 언급 자체가 개인에게 부정적인 영향을 준다고 주장했어. 칭찬을 포함한 외모에 대한 이야기는 다른 사람이 자신의 몸을 바라본다고 느끼게 하고, 이를 자주 느낄수록 자신이 다른 사람에게 어떻게 보이는지에 더 신경을 쓰게 된다는 거야. 결국 그 사람도 스스로를 외모로 평가하게 된다고 했어. 그래서 외모에 대한 칭찬은 오히려 집착으로 이어지게 돼. 외모를 위해 살을 뺀 사람이 칭찬을 받게 되면 자신이 옳은 일을 했다는 생각을 하게 되고, 결과적으로 더 몸무게에 집착하게 된다는 거지.

우리는 외모로 칭찬하는 게 일상화되어 있어. 이름이 생각나지 않는 친구를 떠올릴 때, "그 뚱뚱한 애"라던가 "예쁜 애"라는 수식어로 사람을 표현하는 경우도 많지. 우리나라에도 '루키즘'이 사회 문제로 등장했어. 루키즘은 외모가 개인 간의 우열과 인생의 성패를 가르는 기준이라고 믿으며 집착하는 것을 말해. 우리나라 말로 하면 '외모지상주의'라고 할 수 있어. 취업을 하기 위해서 성형수술을 한다거나, 결혼을 하기 위해 다이어트를 무리하게 하는 경우도 이런 예에 해당 돼.

'외모'로 판단하는 세상을 없애려면 칭찬과 비난 모두 조심해야 하지 않을까?

말말말, 말을 바꾸자!

차별하는 말 바꾸기
외모로 판단하는 말을 쓰지 말고, 친구 두 명을 소개해 보자!

1.

2.

하급 공무원? 말단 공무원?

공무원은 1급부터 9급까지 급수가 나뉘어져 있어. 경찰이나 소방관도 급수가 나뉘어져 있고, 급수가 높은 공무원은 선발하는 인원이 적어서 더 되기 힘들기도 해. 그래서 5급 이상의 공무원을 말할 때는 '고위직 공무원'이라고 말하고 6급 이하 공무원을 말할 때는 '하급 공무원', '말단 공무원'으로 구분하지. 그런데 사람을 급수로 구분하는 게 옳은 걸까? 특히 '하급'이나 '말단'이라는 표현은 사람을 위축되게 만들 수 있어.

공무원뿐 아니라 사회에서는 소득이 높은 사람과 낮은 사람을 '고소득자, 저소득자'라고 부르고, 학력이 높은 사람을 '고학력자, 저학력자'라고 구분하는데, 상하, 고저, 정상 비정상으로 두 계층을 나눠서 부르게 되면 한쪽은 우월하고 한쪽은 부족하다는 인상을 줄 수 있어. 같은 공무원으로 협력해야 하는 사람들을 나눠서 부른다면 그 안에 반발심이 생길 수도 있지. 하지만 이런 표현을 대체할 표현은 아직 없어. 우리가 대체할 만한 표현들을 생각해 보면 어떨까? 이 말들을 없앤다면 어떻게 없애면 좋을지 방법에 대한 고민도 함께 해 보자.

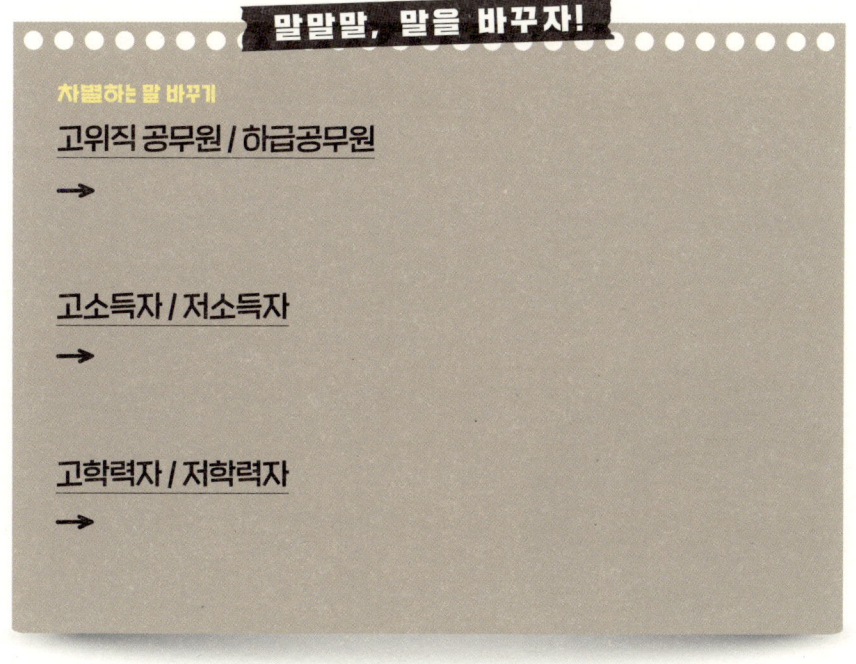

결손가정?

결손가정은 '부모의 한쪽 또는 양쪽이 죽거나 이혼하거나 따로 살아서 미성년인 자녀를 제대로 돌보지 못하는 가정'을 뜻해. 하지만 '결손缺損'이라는 한자는 '어느 부분이 없거나 잘못돼서 불완전함'이라는 뜻을 가지고 있어. 가정의 형태를 지칭하기보다, 이런 가정은 무언가 '불완전하고, 부족하다'라는 '고정관념'이 들어간 표현이지.

서울시에서는 '국어바르게쓰기위원회'를 만들어서 이런 차별적 용어들을 고쳤어. 그중 '결손가정'은 '한부모가족' '조손가족'으로 고쳤지. 가족의 형태 자체로 표현을 수정한 거야. 하지만 여전히 신문 기사는 물론이고 국회의원이나 방송에서도 '결손가정'이라는 표현을 많이 사용해.

결손가정과 함께 학부형, 편부·편모, 불우이웃이라는 단어들도 수정했어. 학부형이라는 말은 '학생의 아버지와 형'이라는 뜻으로 아이의 보호자가 남자여야 한다는 생각에서 나온 단어야. 이제는 학부모라는 말로 바뀌었어. 아이의 보호자는 부모 모두라는 뜻이지.

'편부, 편모'는 정상 가족이 아니라는 의미로 쓰였어. 이제는 한부모가정이라고 불러야 해. 불우이웃도 경제적으로 어려운 건 불우한 거라는 인식을 줄 수 있어. 그래서 어려운 이웃이라는 말로 고쳤어. 우리도 고친 표현들을 잘

익히고 사용하자. 또 고친 표현에 여전히 문제가 있다면 그 표현을 수정해 달라고 요청할 수도 있어.

말말말, 말을 바꾸자!

차별하는 말 바꾸기
결손가정
→

나는 제대로 알고 있을까?
입학하는 것이 옳다? 입학하지 않는 것이 옳다?

나는 제대로 알고 있을까?

입학하는 것이 옳다? 입학하지 않는 것이 옳다?

A씨의 여대 입학을 반대한다!!
- 트랜스젠더는 여성이 아니다.
- 트랜스젠더가 여성으로 인정받을 권리보다 중요한 것은 여성들이 당당하게 발언하고 안전하게 생활할 공간이다.
- 트랜스젠더와 같은 기숙사에 살고, 샤워실과 화장실을 함께 쓰는 것을 학생들이 두려워하고 있다.
- 트랜스젠더를 보호하기 위해 여성들의 공간을 내어줘야 하는 것은 '역차별'에 해당한다.

A씨의 여대 입학을 찬성한다!!
- A씨는 여성이다! 게다가 트랜스젠더라는 이유로 학교에 입학할 수 없다는 주장은 트랜스젠더 혐오이다.
- 법적으로도 여성으로 인정받은 사람의 입학을 거부할 권리는 없다.
- 대학은 어떠한 존재도 차별받지 않고 교육받을 수 있어야 한다.

A씨는 사람들의 반대에 결국 입학을 포기했어. 내가 만약 이 학교의 학생이었다면 나는 어떤 의견에 동의했을까? 고민해 보자.

내가 가지고 있는
고정관념은?

뚱뚱한 애는 많이 먹는다.

마른 친구는 예민하다.

공부를 못하는 애는 멍청하다.

얼굴이 예쁜 게 최고야.

키가 큰 게 좋다.

예쁘면 뭐든지 잘 될 거야.

가난해서 불쌍해.

쟤는 부모님이 안 계셔서 문제를 일으키는 거야.

6장

말에서 시작한 **차별**과 **혐오**, 어떻게 됐을까?

댓글이 아프다

인터넷 사용이 늘어나면서 다양한 기사나 정보들을 인터넷에서 얻는 비중이 높아지고 있어. 신문이나 책은 독자가 일방적으로 전달받는 방식이었다면, 인터넷 기사는 댓글을 올려서 나의 의견을 전할 수 있다는 장점이 있어. 그런데 어떤 사람들은 종종 인터넷에 올리는 글을 사람들이 나인 줄 모를 거라 생각하고, 하고 싶은 말을 거르지 않고 쏟아내기도 해. 혐오의 표현들이 누군가의 기사에 줄줄이 달리기도 하고, 가짜뉴스가 진짜 뉴스인 것처럼 둔갑해서 인터넷에 뿌려지기도 하지. 이런 문제들 때문에 많은 연예인들은 상처를 받고, 목숨을 끊기도 했어.

심지어 사고나 참사의 현장을 보도하는 기사의 댓글에도 비아냥거리는 댓글이 달리기도 해. 유족들의 마음을 더 아프게 만드는 거지. 댓글을 쓸 때마다 내가 아무 생각 없이 단 댓글에 누군가는 아파할 수도 있다는 걸 잊지 말자.

나나나! 나는 그런 적 없을까?

인터넷에 누군가를 혐오하거나, 상처 주는 댓글을 달아 본 적은 없어?
→

만약 내가 그런 댓글을 받았다면 어땠을까?
→

기독교, 이슬람교 포비아에서 증오 범죄로?

포비아는 두려움이나 공포를 의미하는 그리스어에서 왔어. 특정 동물을 두려워하는 '동물 공포증'이나 높은 곳에 올라가는 것을 두려워하는 '고소 공포증' 등 다양한 포비아가 있어. 그런데 최근에는 특정 종교나 집단에 대해 공포심을 갖는 현상이 일어나고 있어. 세계적으로는 '이슬람교 포비아'가 큰 문제가 되고 있어. 이슬람교를 믿는 사람들은 폭력적이고, 테러를 일으킬 것이라는 생각을 갖고, 이슬람교를 믿는 사람 혹은 이슬람교를 믿는 나라를 두려워하고 피하는 거야. 이슬람 포비아는 2001년에 일어난 9·11 테러 때문에 더 확산되었어. 9·11 테러는 이슬람 테러리스트에 의해 일어난 사건으로 3,000명이 넘는 사람이 죽은 사건이야. 끔찍한 사건 이후, 여러 테러들이 일어났고, 이슬람은 테러를 일으킨다는 인식이 심어졌어. 하지만 이슬람교를 믿는 사람들 중 테러를 일으킨 사람들은 극소수에 불과해.

2020년에는 대한민국에 코로나바이러스가 유행하면서 교회에서 집단 감염이 일어나는 사례가 많았어. 한국 사회에서는 '교회에 다니는 사람들은 코로나에 걸렸을 수 있다.'라는 기독교 포비아도 생겨났지. 또 광화문에서 있었던 집회를 통해 코로나가 확산되자, '나이가 많은 사람들은 집회에 참석했을 거야.'라는 생각으로 중년층을 피하는 사례들도 많았어. 둘 다 한 집단에 대해 '포비아'가 생긴 거지. 우리는 종종 집단에 속해 있는 사람을 모두 같다고 생각하는 잘못을 저지를 때가 있어. 우리의 생김이 모두 다른 것처럼 우리는 모두 다른 사람이야. 집단이 아닌, 개인을 존중해 줘야 해.

나나나! 나는 그런 적 없을까?

나는 특정 집단을 향해 비난하는 말을 한 적은 없을까?
→

말 한 마디가 일으킨 학살

1923년 9월 1일, 도쿄를 중심으로 한 일본 관동 지역에 진도 7.9급의 초강력 지진이 발생했어. 지진이 일어났을 때가 점심시간이라 불을 사용하고 있는 집이 많았어. 때문에 도시는 불바다가 돼 버렸지. 사망자나 행방불명자가 40만 명이나 됐고, 이재민은 340만 명이나 되었어. 그런데 이 재난 속에 '지진이 났을 때 조선인들이 불을 냈다.' '우물 속에 조선인들이 독을 탔다.'는 말도 안 되는 소문이 돌기 시작했어. 소문은 일본 경찰들을 통해 퍼지기 시작했는데, 이건 일본인들이 정부를 향해 불만을 제기할까 봐 국민의 눈을 다른 쪽으로 돌리기 위해 만든 소문이었어.

화가 난 일본인들은 소문만 듣고 조선인들을 학살하기 시작했어. 아이와 노인, 여성과 남성 구분 없이 수많은 조선인들이 끌려나왔고, 사람들이 보는 앞에서 살해당했어. 심지어 임신을 하고 있는 여성까지 죽였다고 해.

혼란 속에 나온 말은 사람들에게 잘못된 신념을 주게 되고, 죄 없는 사람들을 희생시키게도 만들어.

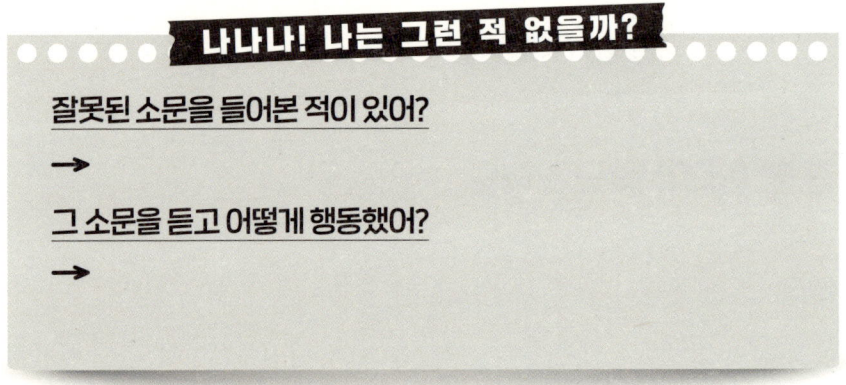

주입식 교육으로 탄생한 나치즘

나치즘은 다른 인종보다 아리아인게르만인이 우수한 혈통을 가졌다고 주장하는 생각을 말해. 어떤 인종이 우수하다고 주장하다보면 자연히 그 외의 인종들은 열등하다고 하는 '차별'의 생각이 따라오게 되지. 독일의 히틀러는 이런 사상을 이용해서 독일 최고의 자리인 수상에 올랐어. 그러고는 자신의 신념에 따라 유대인을 학살하는 정책을 펼쳤지.

유대인을 학살하는 데 왜 독일 국민들은 이것을 막지 않았을까? 유대인은 열등한 혈통을 가졌기 때문에 없애야 하고, 아리아인과 섞이지 않도록 해야 한다는 내용을 계속 선전했기 때문이야. 심지어 아이들의 교과서에도 이 내용을 넣어 교육시켰지. 이런 교육 때문에 실제로 많은 독일인들은 나치를 옹호하게 되었고, 수많은 유대인이 희생되었어.

나나나! 나는 그런 적 없을까?

내가 배운 것 중에 누군가를 차별하는 내용은 없을까?
→

지역감정과 혐오

우리나라는 별로 크지 않은 땅을 가지고 있는데도 경상도, 전라도, 충청도 등 각 지역 별로 뭉쳐서 다른 지역과 대립하는 지역감정이 있어. 지역감정이 심한 곳에서는 자기 지역 사람을 국회의원으로 뽑기도 하지. 최근 인터넷에는 각 지역을 향해 혐오하는 단어를 만들어 타 지역 사람들을 공격하는 현상이 높아지고 있어. 그런 말은 지역갈등을 더 심화시키고, 나라를 분열시켜.

내가 속한 지역만 옳고, 내가 있는 곳만 이익을 얻어야 한다는 생각은 위험해. 정치적인 문제가 있을 때도 '내가 무조건 옳다.'라는 생각보다 객관적인 입장에서 바라보는 게 중요해. 또 자기의 논리를 이야기할 때에 혐오 표

전라도가 초고랑게!!!

현은 쓰지 않는 태도가 필요하지. 만약 상대방이 혐오 표현을 쓴다면 '그런 표현은 쓰지 않는 게 옳다.'는 것을 알려 주되, 똑같이 반응하지 않아야 해.

나나나! 나는 그런 적 없을까?

누군가와 다툴 때, 혐오 표현을 쓴 적은 없어?

→

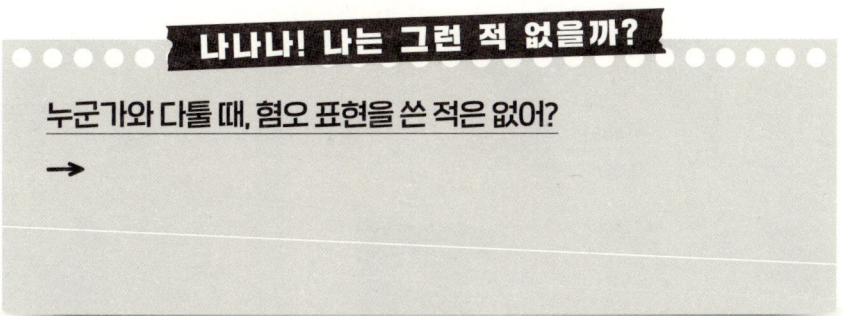

나는 제대로 알고 있을까?
정말 당연한 걸까?

나는 제대로 알고 있을까?

정말 당연한 걸까?

 공부를 잘하거나 외모가 뛰어나야 사랑을 받고, 돈이 많으면 다른 사람보다 우월할까? 돈이 많거나 공부를 잘한다고 해서 다른 사람보다 더 많은 걸 할 수 있고, 가져야 한다는 생각은 차별을 만들 수도 있어. 뭐든지 남보다 뛰어나야 한다는 '경쟁'이 차별을 만들지는 않았을지 생각해 보자.

내가 당연하게 생각했던 차별에는 뭐가 있을까?

저렇게 힘든 일 안 하려면 공부해야지.

학력이 높은 사람이 대우를 받아야지.

쟤는 못생긴 애가 왜 자꾸 티비에 나와?

말말말 말 속에 숨은 차별

2021년 10월 19일 1판 1쇄 펴냄
2022년 8월 4일 1판 3쇄 발행

글쓴이   하루
그린이   박미나

펴낸이   박인수
펴낸곳   주니어단디
주소   경기도 파주시 법흥리 유승앙브와즈 201동 106호
디자인   김영욱

등록   제 406-2016-000041호(2016. 3. 21.)
전화   031-941-2480
팩스   031-905-9787
이메일   dandibook@hanmail.net
홈페이지 dandibook.com

ⓒ2021, 하루·박미나
ISBN   979-11-89366-14-8 73700

• 이 책은 저작권법에 따라 보호받는 저작물이므로 무단 전재와 복제를 금합니다.
• 이 책의 일부를 사용하려면 주니어단디의 서면동의를 받아야 합니다.
• 잘못된 책은 구입한 곳에서 바꾸어 드립니다.
• KC마크는 이 제품이 공통안전기준에 적합하였음을 의미합니다.

모델명 | 말말말 말 속에 숨은 차별 **제조년월** | 2021. 10. 15. **제조자명** | 주니어단디 **제조국명** | 대한민국
주소 | 경기도 파주시 법흥리 유승앙브와즈 201동 106호 **전화번호** | 031-941-2480 **사용연령** | 7세 이상